AF559175

DORIS IDING

Alles, was ist, darf sein

DORIS IDING

Alles, was ist, darf sein

Wie du voller Vertrauen in deine Mitte findest

55 achtsame Impulse

Lotos

Verlagsgruppe Random House FSC® N001967

Erste Auflage 2023

Redaktion: Dr. Diane Zilliges
Umschlaggestaltung: Guter Punkt, München,
unter Verwendung von Motiven von
© bokasin/iStock/Getty Images Plus,
Guter Punkt GmbH & Co. KG, München
Satz: Leingärtner, Nabburg
Druck und Bindung: Pustet, Regensburg
ISBN 978-3-7787-8311-5
www.Integral-Lotos-Ansata.de

INHALT

WARUM ALLES SEIN DARF

Was wäre, wenn wir uns verwirklichen würden? Wenn wir alles zur Entfaltung brächten, was sich noch in den verborgenen Winkeln unseres Herzens versteckt? Unsere Einzigartigkeit, auch wenn sie nicht der Norm entspricht? Geistige Höhenflüge, die andere nicht gleich verstehen? Besondere Gaben, die unser Umfeld tief berühren könnten? Das Wissen um das Göttliche in uns? Die Verbindung mit allen Wesen, auch den unsichtbaren? Und tiefer innerer Frieden? Aber auch die Möglichkeit, einen ganz einzigartigen Zugang zu uns selbst zu finden? Über den andere vielleicht sogar den Kopf schütteln würden.

Was wäre, wenn wir auch dem Unvollkommenen in uns mehr freundliche Aufmerksamkeit schenken würden: unserer Wut, großer Angst oder anderen schwierigen Gefühlen wie Neid oder Eifersucht? Aber auch Gefühlen der Überforderung mit den zunehmenden Veränderungen, denen wir kaum noch hinterherkommen? Oder der Frustration über die nicht enden wollende Pflege der Eltern? Der Hilflosigkeit den eigenen Kindern gegenüber, die nur noch aufs Smartphone fixiert sind? Und wie wäre es, wenn wir auch zu unserer Enttäuschung über eine realitätsferne Regierung stehen würden? Was würde passieren, wenn wir radikal Ja sagen würden zu allem, was sich in unserem Leben zeigt? Wie wäre es, wenn wir uns wieder trauen würden, dazustehen und auszusprechen, was wir fühlen und denken, ohne uns dafür zu schämen, ohne uns zu rechtfertigen oder ausgegrenzt zu fühlen? Es wäre ein alles umspannendes Ja zu uns selbst, unseren Gedanken und Gefühlen und zum Leben.

Wenn alles sein darf, was ist, können wir uns ins Leben hineinentspannen Dann können wir endlich aufhören zu kämpfen. Dann brauchen wir uns nicht mehr wehren gegen das, was ins Feld unserer Aufmerksamkeit kommt. Dann können wir alles da sein lassen. Unsere Ängste, Frustration, Langweile, Freude, Begeisterung oder Enttäuschung, ausgelöst durch innere oder äußere Umstände. Alles, was ist, ist ein wunderbarer Lehrer. Alles, was ist, kann uns zeigen, wie wir uns gerade fühlen oder nicht fühlen wollen. Oder was wir jetzt brauchen oder aber auch nicht brauchen. Wenn wir genau hinschauen, was gerade in unserm Bewusstsein auftaucht, wenn wir mit irgendetwas konfrontiert werden, lernen wir viel über uns selbst und das Leben. Und wir kommen an. Im Moment. Bei uns selbst.

Es gibt aber Menschen, die machen es gern anders: Sie schauen nur auf ihr Ziel. Sie stellen sich vor, wo oder wie sie jetzt schon gern wären: erfolgreich. In sich ruhend, tiefenentspannt, weise, gelassen. Reich oder in einer wunderschönen Beziehung mit ihrem Traumpartner oder ihrer Traumpartnerin. Dabei übersehen sie, dass sie sich mit solch häufig unrealistischen Vorstellungen überfordern. Ganz nebenbei verpassen sie die Magie des gegenwärtigen Moments. Durch manche Wünsche können wir enorm unter Druck kommen. Zu groß ist die Kluft zwischen dem

JETZT und dem Ziel. Wie wollen wir von hier auf jetzt tiefenentspannt sein, wenn wir nicht mal in der Lage sind, drei Atemzüge in Achtsamkeit zu uns zu nehmen? Wie soll uns eine erfüllte Beziehung gelingen, wenn wir uns selbst nicht mal fünf Minuten allein aushalten? Wie wollen wir in einer Traumvilla leben, wenn wir nicht einmal wissen, wie wir die Miete für den nächsten Monat zahlen wollen.

Holen wir uns hingegen ganz ehrlich da ab, wo wir sind, kommen wir früher oder später zum Ziel. Ohne Druck. Ohne Stress. Wir erkennen, dass der Weg das Ziel ist. Wir beginnen, eine Idee davon zu bekommen, das das Leben ein ständiger Lernprozess ist. Holen wir uns immer wieder neu und mit ganzem Herzen da ab, wo wir sind, hören wir auch mit der ständigen Selbstoptimierung auf. Wir gehen unsern Weg so gut, wie wir können, und genießen uns selbst und das Leben. Was für ein Geschenk. Was für eine Freude. Was für eine Entspannung, eine solche Herangehensweise.

Die Achtsamkeit spielt in diesem Prozess eine zentrale Rolle. Achtsam zu sein bedeutet, ganz da zu sein. Mit allen Sinnen. Und mit dem, was ist. Achtsamkeit ist ein Tu-Wort. Du richtest deine Aufmerksamkeit auf etwas. Und nur darauf. Wertfrei und offen. Und gleichzeitig ist Achtsamkeit auch ein Lass-mal-gut-sein-Wort. Du versuchst, dich auf das, was sich zeigt, zu konzentrieren, ohne es zu anders haben zu wollen. Ohne mehr oder weniger davon sein zu wollen. Ohne mehr oder weniger spüren zu wollen. Ohne mehr oder weniger haben zu wollen. Bei Problemen,

Schmerzen oder schwierigen Gefühlen, die auftauchen, suchst du nicht gleich nach einer Ursache oder einer Lösung. Stattdessen lässt du es so, wie es sich zeigt. Du bleibst einfach dabei. Mit jedem Atemzug. Von Moment zu Moment. Während der Einatmung und während der Ausatmung.

KRISEN ALS CHANCEN VERSTEHEN

Dieses »einfach da sein lassen« klingt leicht, ist es aber leider nicht. Besonders nicht in Zeiten des Wandels. Und auch nicht in Zeiten der Krisen. Auch dann nicht, wenn wir Schmerzen haben, keine Lösung für ein Problem in Sicht ist, wir verzweifelt sind oder ein anvisiertes Ziel Lichtjahre entfernt scheint und sich stattdessen eine Schwierigkeit nach der nächsten auftut. Und es ist auch nicht einfach in einer solchen Zeit, in der wir uns gerade gesellschaftlich befinden. Wir wissen nicht, wie es weitergeht und was uns in den nächsten Jahren noch erwarten wird – individuell, gesellschaftlich und global. Mit dieser Unsicherheit zu sein ist eine große Herausforderung. Und eine große Kunst. Das Gefühl von Sicherheit in Bezug auf eine bessere Zukunft ist vielen abhandengekommen. Genauso das Gefühl des Vertrauens in die Regierung, in die Gesellschaft und in die Wirtschaft. Was viele stattdessen erfahren, ist das Gefühl, den Boden unter den Füßen zu verlieren. Auch so ein schwieriges Gefühl da sein zu lassen ist eine große Kunst. Die Kür, sozusagen.

Bei schönen Dingen sagen wir alle einstimmig: Alles, was ist, darf sein! Aber das Dunkle? Der Schmerz? Der Verlust?

Die Trauer? Wer, bitte schön, möchte freiwillig Gefühle wie Angst, Wut, Frustration oder Mutlosigkeit erfahren? Ich glaube, keiner. Und trotzdem kann eine Krise von einem Moment auf den anderen jeden von uns treffen und uns mit solchen Gefühlen überfluten. Beruflich wie privat. Gesundheitlich wie materiell. Krisen sind Erfahrung, die das Leben in ein Davor und Danach teilen. Plötzlich sind wir verzweifelt, ängstlich, ratlos: Wie soll ich mit einem Verlust, einer Krankheit, einem Tod umgehen? Wie soll mein Leben weitergehen, wenn alles zusammenbricht? Klingt es nicht wie Hohn, dass auch niederschmetternde Situationen da sein dürfen sollen?

Im ersten Moment vielleicht. Aber es ist keinesfalls als Hohn gemeint. Krisen rütteln uns wach. Sie verlangen von uns, dass wir unser Leben unter die Lupe nehmen und genauer hinschauen, wer oder was noch dort hineinpasst. Krisen möchten, dass wir unsere Beziehungen zu uns selbst, zu unserem Körper und unseren Gedanken und Gefühlen hinterfragen. Sie laden uns auch ein, unsere intimen Beziehungen neu zu überdenken. Sie inspirieren uns, Altes hinter uns zu lassen. Sie ermutigen uns, neue Wege zu gehen. Sie fordern uns auf, unsere Mitte erstmals zu finden oder sie wiederzufinden.

Das Wort »Krise« entstammt einem Verb aus dem Altgriechischen und bedeutet so viel wie »entscheiden«. Und zwar in dem Sinne, wie es auch heute noch in der Heilkunde verwendet wird. Mediziner sprechen gern von jenem Moment im Verlauf einer Krankheit, in dem sich entscheidet, ob es zu einer Heilung kommt oder nicht. Eine

Krise birgt also die Möglichkeit, dass alles noch schlimmer wird oder sich das Blatt zum Guten wendet. Was auch immer passiert: Eine Krise kann uns einen neuen Blick auf uns selbst, unser Umfeld und unser Leben ermöglichen. Aber das gelingt uns nur, wenn wir dem, was ist, wirklich mutig ins Gesicht schauen und nichts mehr verdrängen.

Alles da sein zu lassen bedeutet auch, sich für den permanenten Wandel zu öffnen, der allem Leben zugrunde liegt. Es gehört zur Natur des Lebens, dass sich alles ständig verändert. Dazu brauchen wir nur aus dem Fenster zu schauen: Morgens geht die Sonne auf, mittags steht sie hoch am Himmel, und abends können wir sehen, wie sie hinter einem Haus, einem Baum oder einem Berg untergeht. Diese Tatsache im Bewusstsein zu halten, dass nichts von Dauer ist, kann wehtun. Es schmerzt, wenn wir merken, dass sich der Mann, dem wir vor zwanzig Jahren das Jawort gegeben haben, geistig und spirituell keinen Millimeter weiterentwickelt hat, wir selbst aber heute ganz woanders stehen. Es kann auch wehtun, wenn wir merken, dass unsere Potenz, unsere Kraft nicht mehr die gleiche ist wie vor zehn oder fünfzehn Jahren. Sind wir ehrlich uns selbst gegenüber und lassen wir auch diese Erkenntnisse zu, dass wir keine dreißig mehr sind, kann das ganz schön ans Selbstwertgefühl gehen. Besonders dann, wenn wir alles auf einen jugendlichen Körper gesetzt haben. Wenn wir genau hinschauen, werden wir schmerzlich an die eigene Fragilität erinnert. Wir spüren die eigene Sterblichkeit oder die der Menschen, die uns alles bedeuten.

EINEN LANGEN ATEM ENTWICKELN

Wenn Krisen länger andauern, kann uns auch schon mal der Atem ausgehen. Die Coronakrise hat deutlich gemacht, dass eine so lang anhaltende Krise ein Ungleichgewicht im Nervensystem verursachen kann. Das führt dazu, dass wir körperlich und psychisch leiden: Gefühle von Angst, Stress, Hilflosigkeit und Erschöpfung sind nur einige der Gefühle, die dann entstehen. Vielleicht konntest du bei dir selbst oder anderen dieses Phänomen beobachten: Am Anfang der sogenannten Pandemie haben viele Menschen diese Krise als Chance genutzt. Es wurde aufgeräumt, innerlich und äußerlich. Kräfte wurde mobilisiert, um die Wohnung zu renovieren, sich von Altem zu trennen und neue Wege in Betracht zu ziehen. Es wurde gejoggt, meditiert und Sport getrieben. Resilienz wurde nicht mehr nur als eine Fähigkeit betrachtet, um Herausforderungen zu bewältigen, mit dem Ziel des »bouncing back«, also um den vorherigen Zustand wieder zu erreichen. Viele nutzten den ersten Lockdown, um eine bessere, gute Zukunft zu gestalten, im Sinne eines »bouncing forward«.

Doch im Laufe der Zeit, als immer mehr Krisenhaftes aufbrach, nahm das Gefühl der Selbstwirksamkeit massiv ab. Bereits nach dem zweiten Lockdown hörte ich immer wieder, dass mir Teilnehmer meiner Kurse sagten: »Also, einen dritten Lockdown stehe ich nicht durch.«

Um sich selbst nicht zu demotivieren, empfahl ich gern, den Konsum der Nachrichten zu reduzieren, weil diese Angst verbreiten und sich wiederum am besten verkaufen lassen, wenn Menschen Angst haben. Und das ist nicht wirklich förderlich, wenn es darum geht, einen langen Atem zu entwickeln, um gut durch eine schwere Zeit zu kommen. Weil der Atem so wichtig ist, steht er gleich mit dem ersten Kapitel am Anfang dieses Buches.

SELBSTWIRKSAMKEIT ENTWICKELN

Wir können uns innerlich dagegen wappnen, das uns der Mut verlässt, indem wir den Wandel zulassen, der häufig Hand in Hand mit Krisen geht. Tun wir dies, kommen wir mit einer Art innerer Widerstandskraft in Kontakt und stärken so unser psychisches und physisches Immunsystem gleichermaßen. Diese Kraft kann so inspirierend sein, dass sie in uns neue Fähigkeiten weckt. Sie kann uns mutiger, offener, lebendiger, achtsamer und zufriedener werden lassen. Sie kann uns im schlimmsten Fall auferstehen lassen, wie den Phönix aus der Asche. Was für ein Geschenk. Was für ein Gewinn. Was für eine Chance.

Um an Herausforderungen zu reifen, müssen wir begreifen, was unsere Lernaufgabe auf dem jeweiligen Wegstück ist. Wenn wir alles da sein lassen, was sich uns durch eine Krise zeigen will, werden wir sie als Teil unserer persönlichen Lebensgeschichte begreifen. Dann können wir unsere Komfortzone verlassen und neue Wege gehen, ohne uns zu überfordern. Dann haben wir keine Angst, vor anderen als Versager dazustehen, sondern wir sind inspiriert von der Chance, Neues wagen zu können. Schritt für Schritt.

Wenn wir das Leben da sein lassen, ohne es verbiegen zu wollen, dann kann es seine ganz eigene Kraft und Magie entfalten. Diese Magie trägt uns. Und dann können wir getrost ein Kapitel beenden, weil wir erkennen, dass Leben einfach aus Kapiteln besteht. Kapiteln, von denen jedes einen eigenen Anfang hat und auch ein Ende. Und natürlich gibt es dann auch einen weiteren Anfang. Das ist die gute Nachricht: Sind wir uns der Vergänglichkeit bewusst, können wir jeden Tag als ein großes Geschenk betrachten, an dem wir oder unsere Lieblingsmenschen gesund sind und wir unser Bewusstsein schulen können, um früher oder später aus dem Kreislauf der Wiedergeburten auszusteigen.

Und noch einen Trost gibt es: Es geht immer weiter. Nach jeder Krise folgt eine Zeit des Wachstums, des Glücks, der Freude. Nach jedem Tod gibt es eine Wiedergeburt – oder nach einem Jobverlust, einer Scheidung oder einer schweren Krankheit gibt es etwas, das auf uns wartet. Oder aber am Ende unseres Lebens.

DEN MOMENT NUTZEN

Wann es einen neuen Anfang für uns geben wird, also einen wirklich neuen Anfang ohne diesen Körper in einer anderen Daseinsform, wissen wir nicht. Wie lange es in diesem physischen Körper und in der jetzigen Form weitergeht, weiß keiner von uns. Der Dalai Lama hat einmal gesagt, dass wir nicht wissen, was eher kommt, das nächste Leben oder der morgige Tag. Deshalb sollten wir die Zeit, die uns bleibt, nutzen, um unsere Lektionen zu lernen.

Wenn wir unseren Körper irgendwann wie ein altes Gewand ablegen werden, so betrachtet zumindest die *Bhagavadgita*, eine der heiligsten Schriften des Hinduismus, unser Leben, so geht es auch nach dem physischen Tod weiter. Ich persönlich teile diese Ansicht. Ich habe für mich in Meditationen erfahren, dass wir alle tief in uns etwas tragen, das unsterblich ist. Im Buddhismus wird dieser Teil als unsere Buddhanatur, als reines Gewahrsein, Heilsein, göttliches Bewusstsein oder als unser Edler Kern bezeichnet. Wenn du mit diesen Begriffen nichts anfangen kannst, dann stell dir eine innere Quelle vor, die mit der kosmischen Quelle oder dem universellen Licht verbunden ist.

Dieses Etwas in uns ist jener Teil, der frei ist von Anklage, frei von Schmerz, frei von Schuld, frei von allem. Es ist jener Teil in uns, der unverletzlich und vollkommen ist. Egal, wie unvollkommen wir in den Augen der anderen sein mögen. Ganz unabhängig davon, wie sehr wir uns selbst verurteilen. Wenn wir diesen Teil da sein lassen können, erhält unser Leben noch einmal eine weitere, tiefere Dimension.

Dieser Teil von uns ist ein großes Geschenk. Besonders in der heutigen Zeit bin ich so dankbar um ihn. Das Besondere: Dieser Teil ist nicht manipulierbar. Er ist nicht bestechlich. Er ist nicht verletzlich. Er ist, was er ist: rein. Klar. Unsterblich. Wenn wir durch Meditationen, Achtsamkeitsübungen und Präsenz in unsere Mitte finden und diesen

Teil in uns erfahren, werden wir uns frei fühlen. Wenn wir Hingabe, Geduld, Neugierde, Vertrauen und Offenheit entwickeln, die sich durch die fünfundfünfzig Impulse auf den kommenden Seiten entfalten, werden wir diesen Aspekt immer häufiger erfahren. Dann werden wir spüren, dass nichts und niemand uns verletzen kann. Niemand kann uns Kummer oder Schmerz zufügen, wenn wir von diesem Ort aus leben. Wenn wir also das Wissen erlangen, dass wir diesen Kern in uns tragen, überwinden wir Leid und Schmerz. Wenn wir uns mit diesem Teil in uns verbinden und aus ihm heraus leben, brauchen wir keine Angst zu haben. Dann sind wir innerlich frei. Egal, was im Außen passiert. Egal, wer uns im Außen beschränkt.

Es klingt paradox, aber um Zugang zu dem zu gewinnen, was uns im tiefsten Innern erfüllt, müssen wir uns von der Vorstellung befreien, dass es äußere Umstände sind, die uns glücklich machen. Solange wir glauben, dass wir nur dann zufrieden sind, wenn wir eine glückliche Liebesbeziehung haben, einen passenden Job ausüben, eine schöne Wohnung besitzen, eine Yoga-Asana perfekt ausführen, einen Golfball richtig abschlagen, oder wenn wir einen hohen Berg im Dauerlauf besteigen müssen, um glücklich zu sein, werden wir unsere Essenz nicht erfahren. Öffnen wir uns aber dafür, dass unser Leben nicht perfekt sein muss und wir die Selbstoptimierung endlich hinter uns lassen können, werden wir den Weg zu unserer Essenz eher finden. Lassen wir dann auch noch los von unseren Vorstellungen darüber, wie das Leben sein sollte, findet unsere Essenz uns.

Die fünfundfünfzig Impulse in diesem Buch werden dich darin unterstützen. Stell dir dein Leben als einen Weg vor – und diese Impulse wie Laternen am Rand des Weges. Mal gehst du durch Wälder, mal durch Wüsten. Mal über Wiesen und Felder, vorbei an Seen und Flussläufen. Mal überquerst du einen Berg, ein anderes Mal gehst du an seinem Fuß entlang. Mal gehst du allein. Mal zu zweit. Der Weg ist sehr unregelmäßig, mal sehr beschwerlich und ein anderes Mal sehr leicht und einfach. Wenn du die fünfundfünfzig Impulse dieses Buches miteinbeziehst, kannst du dich auf deinem Weg nicht verlaufen. Sie können dir vielmehr sehr dienlich sein. Mit ihrer Hilfe achtest du mehr auf die Schritte, um nicht über Steine und Wurzeln zu stolpern oder in Löcher zu fallen.

Du kannst dir jeden einzelnen Impuls wie ein Licht vorstellen, das dich auf die Unebenheiten aufmerksam macht. Oder aber wie tibetische Gebetsfahnen, die am Wegrand stehen. Auf ihnen sind Qualitäten und Weisheiten geschrieben, die dir das Gehen erleichtern. Es sind Qualitäten wie Achtsamkeit. Mitgefühl. Selbstliebe. Geduld. Mut. Oder Wahrhaftigkeit. Sie werden dir dabei helfen, bewusster zu atmen, dich körperlich zu entspannen und den Ausstieg aus deinem Gedankenkarussell zu finden, Vertrauen zu entwickeln und mehr deiner Intuition zu lauschen. Integrierst du diese fünfundfünfzig Impulse nach und nach in deinen Alltag, wird es dir leichterfallen, den ständigen Wandel des Lebens mit mehr Gelassenheit anzunehmen, weil du mehr aus deiner Mitte heraus leben kannst.

Nimmst du die Impulse als Wegbegleiter an, werden sie dich darin unterstützen, mehr Selbstwirksamkeit und Selbstentfaltung in die unterschiedlichsten Bereiche deines Lebens zu integrieren. Als Achtsamkeitslehrerin und Seminarleiterin weiß ich, wie anstrengend der Alltag sein kann, und derzeit wird er für viele immer herausfordernder. Mir persönlich liegen die verschiedenen Qualitäten, die du hier kennenlernst, deshalb sehr am Herzen. Jede einzelne hilft meinen Teilnehmern und auch mir persönlich auf seine ganz besondere Weise, immer wieder körperlich und geistig zur Ruhe zu kommen.

Die fünfundfünfzig Impulse werden dich auch wieder mehr mit deinen eigenen Bedürfnissen in Kontakt bringen. Dadurch lernst du, selbstbewusster auf äußere Umstände und innere Reaktionen darauf zu reagieren. Das wird dir im Wesentlichen mehr Gelassenheit schenken, mit der du die Unvorhersehbarkeit des Lebens mehr genießen kannst.

ES LÄUFT NICHT IMMER ALLES RUND – AUCH DAS DARF SEIN!

Egal, wie viele Jahre wir bereits meditieren, Yoga machen, uns um unsere Selbstoptimierung kümmern oder mit Selbstfindung nichts zu tun haben: Es gibt Zeiten in unserem Leben, da haben wir Schwierigkeiten im Job, werden krank, verlieren unsere Arbeitsstelle oder unsere Partnerin. Manchmal kommt sogar alles auf einmal: Wir verlieren Haus und Hof und werden auch noch krank. Selbst wenn es nicht so dicke kommt und uns das Schicksal nicht bis auf unsere äußerste Belastbarkeit herausfordert, so liegt es in der Natur des Lebens, dass wir kleine und große Krisen erfahren. Es passiert Millionen von Müttern, dass ihr Kind kurz nach der Geburt stirbt. Es geschieht zahllosen Menschen, dass sie, nachdem sie sich dreißig Jahre lang auf das freie Leben nach der Berentung gefreut haben, plötzlich unheilbar krank werden. Andere werden damit konfrontiert, dass sie teure Implantate oder Medikamente auch dann brauchen, wenn die Kasse leer ist. Es passiert unzähligen Menschen, dass ihre Keller bei starkem Regen überflutet werden, und es ist beinahe alltäglich, dass das Auto kurz vor dem Urlaub kaputtgeht. Das Leben ist ein großes Mysterium, das viele unvorhergesehene Lektionen für uns bereithält. Wir tun unser Bestes, unser Leben unseren eigenen oder gesellschaftlichen Vorstellungen entsprechend zu planen und zu gestalten, aber ob unser Plan aufgeht, können wir niemals mit Sicherheit vorhersehen. Wie heißt es so schön: Der Mensch plant, und Gott lacht.

Wenn wir mit kleinen Problemen und großen Schwierigkeiten konfrontiert werden und darunter leiden, hat das etwas damit zu tun, dass wir das Leben anders haben möchten, als es ist. Wir erwarten etwas vom Leben, was es uns nicht liefern kann: ein reibungsloses, gesundes, erfolgreiches, glückliches, langes Dasein. Wir fordern etwas von der Welt, was noch keinem gewährt wurde. Zu keiner Zeit. Auf keinem Kontinent. In keiner Religion. Wenn wir an der Vorstellung festhalten, dass es uns immer gut gehen muss, ist die Folge davon unausweichlich: Wir leiden. Je nachdem, wie persönlich wir all das nehmen, was uns zustößt, leiden wir viel oder wenig. Je mehr wir uns als Opfer äußerer Umstände fühlen und nur da sein lassen wollen, was uns gefällt oder unseren Vorstellungen entspricht, desto schwieriger wird es für uns, schwierige Umstände zu akzeptieren. Das soll nicht bedeuten, dass wir in Lethargie oder Fatalismus verfallen sollten, wenn es nicht so läuft, wie wir es uns vorstellen. Es geht eher darum, eine gesunde Mischung zwischen Tun und Lassen zu finden. Und darum, zu akzeptieren, dass ein gewisses Maß an leidvollen Erfahrungen zum Leben gehört.

INNERE ERKENNTNISSE

Dass Leben zum Leiden gehört, erkannte bereits Buddha. Er formulierte die sogenannten Vier Edlen Wahrheiten, die ich gern als Innere Erkenntnisse bezeichne, weil das Wort »Leid« bei vielen auf sehr viel Widerstand stößt und Buddha deshalb gern als Pessimist dargestellt wird. Diese Leidsätze, die Buddha kurz nach seinem Erwachen seinen Schülern darlegte, können uns, wenn wir sie befolgen, zu tiefem innerem Frieden führen. Sie lauten frei übersetzt:

1. Alles, was ist, darf und muss sein.
2. Es gibt einen Grund für das, was ist.
3. Es muss nicht sein, dass wir an dem, was ist, leiden oder daran zerbrechen.
4. Es gibt konkrete Tipps, um gut mit dem umzugehen, was ist.

Ich habe die erste Edle Wahrheit umgeschrieben in »Alles, was ist, darf und muss sein«, weil sie dann nicht ganz so bedrohlich klingt wie der Ausspruch von Buddha: »Leben ist Leiden.« Es klingt zuversichtlicher, handelbarer. Vielleicht macht es auch dir dann weniger Angst, dich mit diesem so lohnenden Ansatz auseinanderzusetzen. Gemeint ist mit dieser Aussage, dass es im Leben eines jeden Menschen offensichtliches und subtiles Leid gibt. Früher oder später. Länger oder kürzer. Das offensichtliche Leid zeigt sich, wenn wir uns allein fühlen, wenn wir verlieren, was uns am Herzen liegt, krank und alt werden und am Ende sterben. Solche Erfahrungen können dazu führen, dass wir uns vom Leben verraten fühlen, wütend oder traurig werden oder von Angst erfüllt auf das reagieren, was uns passiert. Nicht selten sind wir enttäuscht, wenn wir trotz einer gesunden Ernährung, trotz regelmäßiger Meditationspraxis, trotz einer täglichen Yoga- oder Achtsamkeitspraxis und einem ethischen Verhalten von persönlichen Schicksalsschlägen betroffen sind. Sind wir uns nicht bewusst, dass all das, was uns passiert, zutiefst menschliche Erfahrungen sind, fühlen wir uns schlecht, schuldig oder glauben versagt zu haben. Akzeptieren wir hingegen, dass alles sein darf und muss, auch Verluste, Krankheiten oder Tod – ohne fatalistisch zu sein –, wird unser Leben leichter. Denn was wäre, wenn es all das nicht gäbe? Wohin mit all den Menschen und Tieren?

Von subtilem Leid spricht man, wenn wir an bestimmten Umständen, Situationen oder Menschen festhalten. Dieses Festhalten kommt daher, dass wir es nur schwer ertragen können, dass alles, was einen Anfang hat, enden wird. Jedes noch so köstliche Essen ist irgendwann vorbei. Jede noch so zauberhafte Begegnung wird irgendwann zu einem Ende kommen. Nichts und niemand lässt sich für immer festhalten. Egal, wie sehr wir uns bemühen. Um unter dieser Gegebenheit nicht zu leiden, braucht es eine Haltungsänderung: Anstatt dass wir uns permanent gedanklich in die Vergangenheit oder Zukunft beamen und Situationen oder Menschen hinterhertrauern oder sie herbeisehnen, genießen wir den gegenwärtigen Moment mit all unseren Sinnen und lassen los, wenn es an der Zeit ist loszulassen. Wohl wissend, dass es immer nur den gegenwärtigen Moment gibt. Diesen einen Augenblick. Diesen einen Atemzug. Schließlich weiß niemand, ob wir den morgigen Tag erleben werden. Wie brachte es die Sängerin Ina Deter so schön auf den Punkt? »Vergangenheit ist Geschichte, Zukunft ist Geheimnis, und jeder Augenblick ein Geschenk.«

Der Zenmönch Suzuki Roshi ging mit dem Satz »Nicht immer so!« in die buddhistische Geschichte ein. Damit wollte er auf die Vergänglichkeit hinweisen. Machen wir uns bewusst, dass alles vergeht, alles sterben wird und keiner von uns das verhindern kann, verstehen wir die Komplexität des Lebens auf eine tiefere Weise. Das bedeutet nicht, das wir nichts tun brauchen oder nicht auf Situationen oder Menschen reagieren sollen. Wir hören lediglich auf zu versuchen, Herausforderungen zu entkommen oder auszuweichen. Wir flüchten nicht mehr länger in Tagträume, endloses Surfen im Internet, Alkohol oder andere Ablenkungen. Wir hören auf, uns abzuwenden von dem, was uns stört, was uns nicht befriedigt oder nicht so läuft, wie wir es uns wünschen. Wir nehmen die Dinge aber auch nicht einfach nur gleichgültig hin. Stattdessen nehmen wir das, was uns passiert, nicht mehr ganz so persönlich, sondern erkennen an, dass es eine menschliche Erfahrung ist. Etwas, was jedem Menschen früher oder später passieren kann. Wir treten innerlich einen Schritt zurück, hören auf, Menschen oder Situationen ständig analysieren zu wollen oder sofort eine Lösung finden zu müssen. Anstatt uns weiterhin um die Zukunft zu sorgen oder sie zu planen, tauchen wir bewusster ein in den gegenwärtigen Moment. Wir entfalten das, was sich in uns entfalten möchte. Wir öffnen uns für das, was gesehen werden will. Wir wenden uns dem zu, was gelernt werden will. Wir werden wir selbst. Weil wir uns endlich erlauben, so sein zu dürfen, wie wir sind. Mit all unseren Vorzügen, Eigenarten, Fehlschlägen, Erfolgen, Verlusten, Gewinnen, Fältchen, Röllchen und einem Strahlen in unseren Augen.

RADIKALES JA ZUM LEBEN

Erkennen wir, dass es tatsächlich immer nur den gegenwärtigen Moment gibt, beginnen wir, uns dem Leben ganz radikal zuzuwenden, und zwar dort, wo wir jetzt gerade sind. Wir hören auf, gegen leidvolle Erfahrungen anzukämpfen. Stattdessen versuchen wir, sie zu verstehen, indem wir den Ursachen dafür auf den Grund gehen. Eine solche radikale Ursachenforschung ist eine vollkommen andere Herangehensweise, als wenn wir das Leid, das uns widerfährt, verdrängen, in Alkohol ertränken oder versuchen, immer wieder davor zu flüchten. Wir hören auf, die äußeren Umstände für unser Leid verantwortlich zu machen. Stattdessen ändern wir unsere Perspektive auf das, was uns geschieht.

Wir beginnen, Verantwortung für unsere eigenen Gedanken und für unsere eigenen Handlungen zu übernehmen. Und zwar nicht nur kurzfristig, sondern langfristig. Hier und da sogar über das jetzige Leben hinaus. Dies gelingt uns auf eine radikale Weise, wenn wir uns der Natur des Körpers, des Geistes und der gesamten Existenz bewusst werden. Wenn wir erkennen, dass alles miteinander verbunden ist und nichts im Universum jemals verloren geht, werden wir anders mit unseren Gedanken und Handlungen umgehen. Wir machen uns bewusst, dass alles, was wir uns selbst antun, irgendwann auf uns selbst zurückfällt. Manchmal unmittelbar. Manchmal etwas später. Möglicherweise auch erst im nächsten Leben oder in einer viel späteren Inkarnation. Buddha brachte mit einem Satz die Bedeutung dieser Aussage auf den Punkt: »Mit unseren Gedanken erschaffen wir unsere Welt und damit einhergehend unsere Herausforderungen und Krisen.« Und mithilfe der Achtsamkeit können wir auch konstruktive Wege aus den Krisen herausfinden. Deswegen liebe ich sie so sehr. Und deswegen ist sie eine Grundlage der fünfundfünfzig Impulse dieses Buches.

Regelmäßig angewandt, kannst du die hier vermittelten Impulse auch als Sprungbretter verwenden. Du wirst manche sehr lieben und andere später integrieren. Sie alle dienen dir dazu, dass du dir deiner selbst bewusster wirst. Sie trainieren Qualitäten eines erwachten Menschen. Jede einzelne wird deinen Alltag um ein Vielfaches erleichtern. Sie helfen dir dabei, deinem Leben eine neue Ausrichtung zu geben. Durch sie wirst du die Welt auf eine ganz neue Weise betrachten. Nicht als Opfer, sondern als Schöpfer deines eigenen Glücks. Plötzlich wirst du etwas entdecken, was dir vorher noch nie aufgefallen ist. Etwas, was dir jetzt aber einen tieferen Sinn für dein Dasein schenkt. Sich des tieferen Sinns aller Dinge bewusst zu werden hat eine enorme Kraft, alles zu verändern: deine Wahrnehmung, deine Gedanken, deine Taten, dein ganzes Leben und auch dich selbst.

Möglicherweise denkst du dir jetzt, dass du als Mutter von drei Kindern oder als berufstätiger Mann aktuell keine Zeit hast, mit einer täglichen Übungspraxis zu beginnen. Aber genau jetzt ist dafür der richtige Moment. Die Impulse unterstützen dich, langfristig viel Zeit zu sparen, weil du dich und deine Bedürfnisse und deine wahre Berufung besser kennenlernen wirst. Besonders in solchen Zeiten, in denen die äußeren Sicherheiten wegbrechen, Pandemien uns aus der Bahn bringen und Kriege unser Gefühl von Sicherheit irritieren, ist es gut, wenn wir in uns einen Ort der Ruhe finden. Und genau dann, wenn du das Gefühl hast, keine Zeit für das tägliche Üben zu haben, solltest du damit beginnen.

Denk immer daran: Die fünfundfünfzig Impulse sind Lichter, die dein Leben erhellen können. Es geht nicht darum, dass du die Übungen zu den einzelnen Impulsen perfekt beherrschst. Es geht vielmehr darum, dass du dich endlich am Licht orientierst, anstatt noch länger in der Dunkelheit zu verharren. Wenn du dich von dem Licht leiten lässt, wirst du irgendwann ankommen. Bei dir selbst. Durch dieses veränderst du deinen Blick auf dich selbst, auf die Menschen um dich herum und auf das Leben. So, dass du am Ende selbst zum Licht wirst.

Auf diesem Weg wünsche ich dir viel Spaß!

Deine Doris Iding

Ja zum Atem

WEISHEITSGESCHICHTE:

Die Rettung

Es gibt eine Geschichte über einen Gleitschirmflieger, die mich sehr beeindruckt hat. Zusammen mit seinen Freunden ging ein junger Mann seiner Lieblingsbeschäftigung, dem Paragliden, nach. Erst trug ihn die Thermik immer höher Richtung Himmel, bis er von einer heftigen Windböe erreicht wurde. Wie ein Federball rauschte er in kleinen Spiralen zur Erde – und prallte mit dem Gesicht auf einem Abhang auf. Reglos lag er dort und konnte sich vor lauter Schmerzen nicht bewegen. Er wusste, dass es noch eine halbe Ewigkeit dauern würde, bis Sanitäter ihn retten würden. Er wusste auch, dass er sein Bewusstsein nicht verlieren durfte. Und somit begann er zu atmen. Ein. Aus. Ein. Aus. Seine ganze Aufmerksamkeit war nur noch auf den Atem gerichtet. Es gelang ihm, sich so sehr auf den Atem zu konzentrieren, dass der Schmerz nach und nach zurückwich, er nur noch den Atem spürte und einen Zustand reiner Gelassenheit erreichte. Auf diese Weise atmete er, bis er gerettet wurde.

DER ATEM: INTELLIGENT UND HEILSAM

Die Geschichte des Gleitschirmfliegers berührt mich jedes Mal aufs Neue, wenn ich sie lese oder gern auch in meinen Kursen erzähle. Der Mann zeigt, wie hilfreich der Atem sein kann. Und dass er uns darin unterstützen kann, alles da sein zu lassen. Sogar ein verletztes Gesicht mit gebrochenen Knochen. Nutzen wir den Atem als unseren Anker, kann er uns in jeder Situation helfen, Gelassenheit zu erfahren. Egal, wie stark die körperlichen Schmerzen sind. Ganz unabhängig davon, wie überwältigend schwierige Gefühle sind. Wenn wir uns mit dem Atem verbinden und uns von ihm helfen lassen, kann er uns auch im Alltag unterstützen, schwierige Herausforderungen zu bewältigen. Mit ihm an unserer Seite können wir anders auf stressige Situationen reagieren und sie auf intelligente Weise lösen. Er hilft uns auf so vielen Ebenen. Körperlich unterstützt er uns darin, zu entspannen, den Blutdruck zu senken oder chronische Schmerzen zu reduzieren. Mental können wir mit seiner Hilfe psychische Blockaden oder traumatische Erfahrungen lösen und verarbeiten. Und nicht zu unterschätzen seine positive Wirkkraft, wenn es darum geht, uns von ihm spirituell in andere Bewusstseinsebenen führen zu lassen.

Die meisten von uns haben allerdings verlernt, den Atem da sein zu lassen. Damit gemeint ist, natürlich zu atmen. Wir atmen zu kurz. Zu flüchtig. Zu oberflächlich. Oder zu tief. Zu viel. Zu hastig. Deshalb ist es so wichtig, sich ihm wieder so anzunähern, dass er zu seinem natürlichen Fluss zurückfindet. Ihn wieder mehr in unser Leben einzubeziehen ist das A und O, wenn wir wieder in unsere Mitte finden wollen. Ihn da sein zu lassen ist das größte Geschenk, was wir uns machen können. Ihm den Raum zu schenken, der ihm gebührt, wird uns auf vielfältige Weise bereichern.

Deshalb steht der Atem auch an erster Stelle hier im Buch. Mit unterschiedlichen Impulsen rund um den Atem hast du die Möglichkeit, ihn jeden Tag aufs Neue als ein Wunder zu erfahren. Selbst wenn du bereits Erfahrungen mit dem bewussten Atem gemacht hast, kannst du ihn immer wieder neu entdecken und dich von alten, falschen Atemmustern befreien. Der amerikanische Meditationslehrer Jack Kornfield erzählte einmal, dass einer seiner Lehrer ihn und auch andere Schüler jeden Tag fragte, was sie Neues über ihren Atem erfahren hätten. Das tat er auch, wenn Schüler schon zehn Jahre in seinem Aschram lebten.

Die wohl wichtigste Funktion des Atems besteht darin, dass er uns mit dem Leben verbindet. Ohne Atem kein Leben. Er hat die Aufgabe, mit der Einatmung Sauerstoff über die Nase oder den Mund in den Körper zu leiten. Ausatmend transportiert er die Schadstoffe über die Nase oder den Mund weg, die durch den Stoffwechsel im Blut entstanden sind. Der indische Yogalehrer R. Sriram sagt, dass eine bewusste und natürliche Atmung mit der körperlichen Gesundheit einhergeht. Anders ausgedrückt: Je schlechter die Atmung, desto kranker wird der Körper. Der Atem ist aber noch viel mehr. Wie kein anderer körperlicher Prozess kann er wie eine Brücke sein, die uns zu uns selbst bringt und dadurch die eigenen Selbstheilungsprozesse anregt.

Das Hauptaugenmerk der Naturwissenschaft bei der »Bekämpfung« von Krankheiten liegt hauptsächlich darin, äußere Probleme anzugehen. Und obwohl wir viel länger leben als frühere Generationen, hat die Zahl der Krankheiten zugenommen. Die eigene Widerstandskraft hingegen scheint abzunehmen. Viele Erkrankungen hängen mit den Atemwegen zusammen. In ihrem Kampf spricht die Naturwissenschaft uns sogar mittlerweile ab, dass wir ein so gesundes Immunsystem haben, mit dem wir auf natürliche Weise Grippeinfektionen überstehen können. Kleine Kinder bekommen bereits bis zu zehn verschiedene Impfungen. Da stellt sich die Frage, wie wir es als Spezies Mensch überhaupt geschafft haben, Tausende Jahre ohne die Schulmedizin und die Pharmaindustrie zu überleben. Wie wäre es, wenn Ärzte uns einmal fragen würden, wie es um unsere Atmung bestellt ist, anstatt nur immer auf ein einziges Organ oder Problem zu schauen?

Die Heilung von Krankheiten im ganzheitlichen Sinne, so wie ich Medizin und Heilung verstehe, hat viel damit zu tun, wie wir unseren eigenen Körper kennen- und lesen lernen. Unser Atem spielt dabei die wichtigste Rolle. Er ist das Lesegerät für unsere körperliche und seelische Befindlichkeit. Nutzen wir ihn als Seismograf, leistet er uns zuverlässigen Beistand. Er ist so eng mit unseren körperlichen Empfindungen und geistigen Stimmungen verbunden, dass nichts uns so unmittelbar mitteilen kann, was wir gerade brauchen oder nicht brauchen, wie unser Atem.

Ihm wieder den natürlichen Fluss zu geben, den er hatte, als wir auf die Welt kamen, ist sicherlich der beste Weg, um

Vertrauen in den eigenen Körper und den eigenen Geist – und letztendlich auch in die eigene Gesundheit – zu entwickeln. Dabei ist gut zu wissen, dass die Beschäftigung mit dem Atem keine Fleißarbeit ist. Der Erfolg liegt eher in einer achtsamen und liebevollen Bewusstwerdung der Verbindung zwischen Körper, Geist und Seele. Sie hilft uns, dass wir uns mit der Zeit in uns und mit uns immer wohler fühlen werden.

Liegen wir auf dem Rücken und beobachten unseren Atem, ohne ihn zu verändern, können wir wahrnehmen, wie sich die Bauchdecke um einige Zentimeter hebt. Mit einem einzigen Einatem schicken wir Sauerstoff und nährstoffreiche Flüssigkeiten durch unser Lymphsystem. Und mit einem Ausatem schwemmen wir zahlreiche Giftstoffe aus. Die physische Bewegung, die durch den Atem in unserem Körper ausgelöst wird, sorgt dafür, dass Leber, Niere, Eingeweide und Wirbelgelenke gesund und geschmeidig bleiben. Schenken wir diesem Prozess unsere bewusste Aufmerksamkeit, beruhigt ein sanfter, gleichmäßiger Atem das vegetative Nervensystem. Wohlfühlhormone strömen über das Blut durch den ganzen Körper.

Darum lohnt es sich, das Atmen wieder neu zu erlernen, sodass wir unseren Körper nicht mit einer übertriebenen Atmung aufpumpen, sondern ihn zu einer ganz natürlichen Atmung zurückbringen. Jener Atmung, mit der wir als Babys ganz natürlich auf die Welt kommen. Alles, was ist, darf sein. Auch diese natürliche Atmung. Durch sie finden wir zurück, was uns zutiefst ausmacht als Menschen, die ihren Körper gern beleben und gern beseelen. Wenn wir dem Engelskreislauf der natürlichen Ein- und Ausatmung nicht folgen, rutschen wir in einen Teufelskreislauf. Wir atmen immer flacher – mit all den ungesunden und einengenden Folgen.

Impuls Nr. 1: Wahrnehmen

Wende dich deinem Atem ganz unvoreingenommen und mit einem offenen Anfängergeist zu. Dann kann er dir tiefe Erkenntnisse über dein körperliches Befinden und deine geistige Ausgeglichenheit schenken. Jeder bewusste Atemzug kann dich mit deiner Vitalität und Lebendigkeit in Kontakt bringen. Sie gestalten in einer einzigartigen Weise dein körperliches und emotionales Befinden und können maßgeblich zu deiner ganzheitlichen Zufriedenheit beitragen.

So geht's

Du liegst entspannt auf dem Rücken. Lass dir Zeit, hier anzukommen. Leg dann deine Hände auf deinen Unterbauch. Wie nimmst du deinen Bauch wahr? Ist er fest? Angespannt? Kalt? Verkrampft? Oder ist er eher weich? Warm?

Versuche nun, während du auf dem Rücken liegst, deinen Atem sanft fließen zu lassen, ohne irgendetwas zu erzwingen. Sollte deine Atmung flach sein, dann kannst du sie sanft in den Bereich oberhalb des Bauchnabels lenken. Versuche, dies möglichst ohne Druck zu machen. Lass die Einatmung am Ende der Ausatmung ganz natürlich kommen. Entspanne dabei, so gut es möglich ist, deinen Körper, insbesondere deinen Kiefer und deine Bauchdecke. Verweile so ein paar Minuten, und lass den Atem fließen. Sanft. Weich. Achtsam.

DRANBLEIBEN

Wenn du dich über diese kleine, aber sehr effektive Übung mit deiner Atmung auf eine neue Weise verbindest und sie bewusst wahrnimmst, wirst du spüren, dass der Brustkorb ruhig bleibt, während sich der Bauchraum automatisch mit der Einatmung hebt. Mit der Ausatmung senkt er sich. Du brauchst dazu nichts zu verstärken, forcieren oder Druck auszuüben. Der natürliche Atem kommt von allein und erfüllt die Atemräume. Ist dies nicht der Fall, ist dein Körper möglicherweise verspannt.

Kultiviere die natürliche, sanfte Bauchatmung deshalb nach Möglichkeit so bald wie möglich. Sie ist von zentraler Bedeutung für eine gesunde, natürliche Atmung. Wenn du dir bewusst Zeit für all die Übungen hier nimmst, ist das eine wunderbare Möglichkeit, immer wieder zur bewussten Bauchatmung zurückzukehren. Die ruhige, natürliche Bauchatmung im Alltag anzuwenden ist dann sozusagen die Kür.

SELBSTWIRKSAMKEIT ENTWICKELN

Wenn du die Bauchatmung kultivierst, wirst du dich auch in Situationen, die dir früher den Atem geraubt haben, immer schneller daran erinnern können, bewusst und entspannt zu atmen. Wo du früher Schnappatmung bekommen hast, wirst du ihn zukünftig instinktiv ausgleichen. Wo du früher nach Luft ringen musstest, wirst du demnächst souverän und entspannt bleiben. Dadurch kannst du verhindern, schwierigen Gefühlen hilflos ausgesetzt zu sein. Du siehst, auch Selbstwirksamkeit darf – und kann – sein!

Selbstwirksamkeit dürfen wir trainieren wie einen Muskel. Denn viel zu schnell verlieren wir uns im Kopf, in virtuellen Welten, im Du. Dann sind wir nicht mehr im Körper, sondern fliegen durch geistige Sphären auf der Suche nach Antworten für unsere Probleme. So aber werden wir sie meist nicht finden und damit auch nicht selbstwirksam sein können. Genauso wie jeder andere Muskel des Körpers nur durch regelmäßiges Training gestärkt werden kann, so können wir auch den Muskel der Selbstwirksamkeit nur dann entwickeln, wenn wir uns ihm bewusst und achtsam zuwenden. Deshalb ist es in Bezug auf die Kultivierung des Atems wichtig, sich immer wieder daran zu erinnern, raus aus dem Kopf und rein in den Bauch zu finden. Die gute Nachricht: Mit etwas Übung ist dieser Bewusstseinswechsel gut machbar. »Dranbleiben« ist hier sozusagen die Zauberformel. Die natürliche Atmung im Alltag braucht wie alles ein Training. Regelmäßigkeit. Ausdauer.

Auch Geduld darf sein. Mit Übung und Hingabe wird es dir gelingen, einen Weg zu mehr Bewusstheit in deinem Leben zu ebnen.

Impuls Nr. 2: Kultivieren

Bereits ein paar Minuten, die du dir täglich schenkst, um deine Atmung zu stärken, werden deiner Gesundheit eine ganz neue, positive Richtung geben. Das Wunderbare an dieser Übung ist auch: Du kannst sie ohne großen Aufwand in alle Bereiche deines Lebens integrieren, ob morgens im Bett liegend, am Frühstückstisch sitzend, an der Kasse deines Bioladens oder abends im Kino – die Beruhigung deiner Atmung ist überall möglich. Sie ist kostenlos, du brauchst dafür keine spezielle Kleidung, keinen besonderen Raum und auch keine außergewöhnlichen Umstände. Und einen Meister brauchst du auch nicht. Du brauchst nur dich und die Bereitschaft, dein Leben und insbesondere deine Atmung in die eigenen Hände zu nehmen. So konkret wie möglich. So regelmäßig wie möglich.

So geht's

Wie viel Zeit bist du bereit dir in der nächsten Zeit für die Kultivierung deiner Atmung zu schenken?

5 Minuten? 15 Minuten? 30 Minuten? 60 Minuten?

Sei realistisch. Und konkret. Schreib dir die Zeit in deinen Timer, damit du sie im Trubel des Tages nicht vergisst.

Konkretisiere deinen Entschluss noch genauer: Welche Übungen wirst du während dieser Zeit machen? Vielleicht kennst du schon Atemübungen, auf jeden Fall findest du hier im Buch einige. Liste sie auf, und mach sie so regelmäßig, bis sie Teil deines Tagesablaufs werden, so wie das Zähneputzen oder das Trainieren deiner Rückenmuskulatur oder deines Trizeps.

BEWEGLICH WERDEN

Der Bauch spielt neben der Lunge bei der Entwicklung einer natürlichen Atmung eine nicht zu unterschätzende Rolle. Wenn du an deiner natürlichen Atmung arbeiten möchtest, solltest du zukünftig darauf achten, dass sich dein Bauch gut bewegen kann. Ein enger Gürtel ist hier eher hinderlich. Ein voller Magen kann die natürliche Bauchatmung genauso einschränken wie die Tendenz, den Bauch einzuziehen, um eine gute Figur zu machen. Schenk deinem Bauch die Aufmerksamkeit und den Freiraum, die du dir selbst in deinem Leben wünschst. Das ist die beste Voraussetzung für einen Weg zum inneren Frieden. Je natürlicher dein Atem fließt, desto entspannter wird auch der Fluss deines Lebens verlaufen. Wie innen, so außen.

Impuls Nr. 3: Knopf auf

Enge Jeans, Gürtel und viele andere Kleidungsstücke engen deinen Bauch ein. Der braucht aber viel Freiraum, damit der Atem auf natürliche Weise fließen kann. Besonders in stressigen Situationen ist es empfehlenswert, den natürlichen Atem bewusst zu unterstützen.

So geht's

Achte im Verlauf des Tages immer wieder darauf, ob dein Bauch entspannt ist. Sollte er angespannt sein, weil du gerade Stress hast, so kannst du ihn bewusst entspannen, indem du dich auf die Kante eines Stuhls setzt. Öffne dann deine Beine ein wenig. Wenn du eine Hose trägst, öffne den Knopf oder Gürtel, sodass sich dein Bauch entspannen kann. Du kannst dir auch vorstellen, dass du ein Hängebauchschwein bist. Lass dafür deinen Bauch ganz bewusst hängen. Ohne Druck auszuüben. Atme dann entspannt in deinen Bauch hinein. Und lass die Ausatmung wieder ganz natürlich kommen. Atme auf diese Weise ein paar Minuten.

Diese Übung ist besonders dann empfehlenswert, wenn du gestresst bist. Je entspannter wir in unser Atmung sind, desto entspannter sind wir auch in unserem Geist.

Impuls Nr. 4: Das Zwerchfell stärken

Durch die Hinwendung zu einer natürlichen Ausatmung hebt sich der Bauch, und der Rücken streckt sich ein wenig. Das Zwerchfell bewegt sich nach oben, der Lungenraum wird schmaler, und die Luft verlässt den Körper. Je bewusster du diese Atemübung machst, desto mehr Spannungen wirst du auf ganz sanfte Weise im Körper lösen. Indem du dich auf diese Weise bewusst deinem Bauchraum zuwendest, wird er beweglicher, und dein Zwerchfell wird gestärkt.

So geht's

Komm in einen bequemen Sitz. Der Rücken ist natürlich aufgerichtet, Hals und Nacken sind entspannt. Lass dir Zeit, im Hier und Jetzt anzukommen. Entspann dich in dieses Ankommen hinein. Dein Atem fließt dabei natürlich. Du brauchst nichts zu erzwingen. Atme sanft durch die Nase. Achte darauf, dass deine Brust so ruhig wie möglich bleibt. Versuche, dich in die Ausatmung hineinzuentspannen.

Stell dir als Nächstes einen dehnbaren, breiten Gürtel vor. Er ist auf Höhe deines Bauchnabels straff um deinen Körper gezogen. Du kannst auch deine Hände auf deinen Bauch legen, dort, wo der Gürtel liegen würde.

Wenn du nun einatmest, versuche, den Gürtel in alle Richtungen gleichmäßig zu dehnen. Atme dann wieder sanft aus, und lass den Atem passiv aus deinem Körper strömen. Am Ende der Ausatmung zieh die Bauchdecke aktiv Richtung Wirbelsäule. Achte darauf, dass dieser Vorgang sanft und langsam geschickt. Versuche, allen Druck draußen zu lassen. Versuche, den Gürtel mit der nächsten Einatmung noch intensiver zu dehnen, so als wolltest du ihn sprengen. Ausatmend bringst du die Bauchdecke dann wieder Richtung Wirbelsäule. Atme so auf diese Weise drei bis fünf Runden ein und aus.

Lass den Atem dann auf ganz natürliche Weise wieder fließen. Spüre danach bewusst in Stille eine Minute lang nach. Wiederhole die Gürtelatmung dann noch zwei, drei weitere Runden. Versuche, den Gürtel jedes Mal noch ein bisschen mehr zu sprengen. Achte aber darauf, dass du dich nicht überanstrengst. Genieße diese Atmung mit dem Wissen, dass es eine wunderbare und mächtige Übung ist, die sowohl dein Zwerchfell als auch deinen Geist stärkt.

Es reicht, wenn du dir für diese Übung täglich fünf bis zehn Minuten Zeit nimmst. Du kannst sie auch zwischendurch überall und jederzeit machen, ohne dass irgendjemand bemerkt, was du gerade machst: eine intensive Praxis, die deine Selbstwirksamkeit stärkt. Diese Übung kann allerdings eine leichte Trance auslösen, deshalb solltest du sie nicht beim Autofahren machen.

HALS UND NACKEN ENTLASTEN

Durch die vorherige Übungen hast du Kontakt mit der Bauchmuskulatur und dem Zwerchfell aufgenommen, deinen wichtigsten Atemmuskeln. Unsere Atmung wird aber noch durch weitere Muskeln ermöglicht: die Zwischenrippenmuskulatur. Die kleinen Hilfsmuskeln des Nackens, der Schultern und der oberen Rippen spielen ebenfalls eine wichtige Rolle.

Sind wir aufgewühlt, gestresst oder ängstlich, spannt sich der Bauch an. Dadurch können die großen primären Muskeln nicht mehr in der Form arbeiten, in der sie ihren Job tun sollten. Je verspannter sie sind, desto mehr müssen die kleineren Muskeln den Job übernehmen. Da sie ursprünglich aber nur dafür vorgesehen sind, gut 20 Prozent der Last zu übernehmen, werden sie über die Maßen strapaziert. Zieht sich diese Anspannung über einen längeren Zeitraum hin, verspannen sich Schultern und Nacken. Das wiederum zieht Kopfschmerzen und Erschöpfungszustände und in der Konsequenz eine flachere Atmung nach sich. Finden wir hingegen zurück zu einer natürlichen Atmung, können wir von seiner körperlich heilsamen und bewusstseinserweiternden Wirkung profitieren.

Impuls Nr. 5: Kontrolle abgeben

Um der Verspannung im Schulter- und Nackenbereich entgegenzuwirken, ist es gut, einfach mal loszulassen. Auch das darf sein. Aber auch das ist große Kunst. Unser Verstand liebt es, die Kontrolle zu bewahren. Auch während der Yogapraxis oder der Meditation möchte er gern die Herrschaft führen. Deshalb kann es manchmal sehr erleichternd sein, den Kopf abzulegen. Dadurch entlastest du den Kopf und entspannst die Hals- und Nackenmuskulatur.

So geht's

Such dir einen Ort, an dem du während dieser Übung deinen Kopf anlehnen kannst. Mach es dir zum Beispiel auf einem Stuhl an der Wand bequem. Lass dir genügend Zeit, um an diesem Ort anzukommen. Wende dich dann deiner Atmung zu. Nimm wahr, wie du ein- und ausatmest. Du kannst deine Hände auch an den Rippenbogen legen. Dadurch bist du noch einmal intensiver mit der Zwischenrippenmuskulatur in Kontakt. Du kannst wahrnehmen, wie sich mit der Einatmung der Brustkorb weitet und ausatmend wieder zusammenzieht. Lass auch dies auf eine sehr sanfte Weise geschehen. Und lass zu, dass sich dein Kopf dabei entspannt. Lass los. Je mehr du dich in die Atmung hineinentspannst, desto mehr kann sich deine gesamte Atemmuskulatur entspannen. Übe auf diese Weise einige Minuten.

Manchmal kann eine solche Haltung uns auch in der Meditation mehr zu uns selbst bringen, als wenn wir versuchen, die ganze Zeit immer aufrecht zu sitzen. Auch das darf sein, dass du dich in der Meditation ausprobierst und unterschiedliche Haltungen einnimmst.

Impuls Nr. 6: Gut schlafen

Eine entspannte Atmung sorgt für einen entspannten Körper und einen besseren Schlaf. Der ist Gold wert und trägt wesentlich zu unserem Wohlbefinden bei. Solltest du Probleme mit dem Einschlafen haben, könnte die folgende Variation dir helfen, dich am Abend mehr zu entspannen.

So geht's

Setz dich vor dem Schlafengehen bewusst auf einen Stuhl. Der Kopf ist angelehnt, sodass sich die Schultern und der Nacken entspannen können. Lass dir Zeit, in dieser Haltung anzukommen. Und wenn möglich, lass dich ganz nieder auf diesem Platz. Gib dich diesem Stuhl hin. Vertraue dich ihm an. Wenn möglich kannst du deine Beine hochlegen. Deine Hände ruhen auf deinem Bauch oberhalb des Bauchnabels. Achte darauf, dass dein Bauch nicht zu voll ist, denn auch ein spätes Abendessen oder schwer verdauliche Nahrung hindern den

Atem daran, natürlich zu fließen. Und sie können das Schlafen erschweren.

Atme nun sanft in deine Hände hinein. Ausatmend versuche, alle Anspannungen loszulassen und dabei Kiefer, Nacken, Schultern und Bauchdecke zu entspannen. Atme auf diese Weise einige Minuten. Lass ganz bewusst alles los, was du nicht mit in den Schlaf hineinnehmen möchtest. Stell dir vor, dass du es mit jedem Ausatem loslässt. Richte deine Aufmerksamkeit dann so gut wie möglich auf deinen Körper, allerdings ohne dich anzustrengen. Besonders dann, wenn du ein leistungsorientierter Mensch sein solltest, besteht schnell die Gefahr, dass du dich selbst bei der Entspannung unter Druck setzt. Wenn auch unterbewusst, kann ein solcher Druck kontraproduktiv sein und noch mehr Spannung auslösen. Versuche einfach, deinen Körper so gut wie möglich durch eine feine, sanfte Ausatmung zu entspannen. Von Moment zu Moment. Von Atemzug zu Atemzug.

SPANNUNGEN LÖSEN

Eine entspannte Atemmuskulatur steht für einen entspannten Geist. Und entspannte Geister brauchen wir derzeit mehr als genug. Auf einer Postkarte sah ich den Satz: »Entspannen Sie sich. Das ist wahrscheinlich das Beste, was Sie zur Rettung der Welt beitragen.« Es ist spürbar, wie angespannt unsere Gesellschaft ist. Wie sollte es auch anders sein? Die Medien impfen uns seit einigen Jahren mehr als genug mit Ängsten. Deshalb sind wir aufgerufen, noch achtsamer zu sein mit dem, was wir uns zufügen. Sowohl geistig als auch körperlich.

Selbst viele Yogalehrer werden von Ängsten getrieben und glauben, dass sie diese überwinden können, indem sie besser-tiefer-höher atmen. Die yogische bewusste Atemlenkung, *pranayama*, kann uns zwar in himmlische Sphären katapultieren, sie kann aber auch dazu führen, dass sich unsere Atemmuskulatur noch mehr anspannt – wenn wir nicht richtig praktizieren. Die natürliche Atmung ist also die Basis für ein entspanntes Leben. Von Yogalehrern wie R. Sriram oder Ralph Skuban höre ich immer wieder, dass sie mit zahlreichen anderen Yogalehrern atmen üben, weil diese überengagiert sind und glauben, über eine viel zu intensive Atempraxis inneren Frieden zu finden.

Impuls Nr. 7: Leistungsdruck loslassen

Natürlich atmen kannst du nur dann, wenn du den Leistungsdruck loslässt. Gibst du dich dem Atem und damit auch dem Leben hin, kommst du nach und nach auf einer tieferen Ebene bei dir selbst an. Die natürliche, sanfte Einatmung darfst du deshalb ebenfalls langsam und achtsam ausführen. Der Herzmuskel, der mit dem Zwerchfell verbunden ist, wird durch eine achtsame Einatmung in die

Länge gedehnt und massiert. Du schenkst dir also durch diese Atmung nicht nur mehr Entspannung im Bauchraum, sondern sorgst auch für eine Massage deines Herzmuskels.

So geht's

Begib dich in eine aufrechte und bequeme Sitzhaltung. Komm erst einmal an. Geh mit deinem Atem in Verbindung. Fühle ihn. Hör ihm zu. Verbinde dich mit ihm. Ohne etwas zu wollen. Lass dir immer wieder auch Zeit mit der Einatmung.

Sag dir dann leise oder innerlich: Einatmend massiere ich mein Herz und schenke ihm somit noch mehr Beachtung. Ausatmend lasse ich allen Leistungsdruck los. Einatmend wende ich mich meinem Herzen zu und massiere es sanft. Ausatmend mache ich mich frei davon, etwas erreichen zu müssen. Einatmend wende ich mich meinem Herzen zu und weiß, dass es alle Antworten kennt, wenn ich ihm wieder vertrauensvoll zuhöre. Ausatmend lasse ich alle Erwartungen an mein Herz los. Atme auf diese Weise einige Male, und entspanne dich in dein Herz hinein.

VERBUNDENHEIT ERFAHREN

Der Atem leistet noch viel mehr: Atmen wir ein, verbinden wir uns auch automatisch mit unserer Umgebung. Befinden wir uns beispielsweise in der Natur, ist dies wunderbar, weil die Luft hier klar und frisch ist. Dann werden wir gestärkt von der Energie der Bäume, der Landschaft und der Pflanzen. Vielleicht konntest du auch schon bemerken, dass bereits ein paar Stunden in der Natur den Körper entspannen und sich auch im Geist eine größere Offenheit einstellt als in Städten oder an Orten, an denen es hektisch und stressig zugeht.

Das Gleiche gilt für Menschen: Befinden wir uns in Gesellschaft von Menschen, die gestresst, ängstlich, wütend oder aggressiv sind, nehmen wir auch hier über den Atem die Energie auf. Ob wir wollen oder nicht. Es passiert. Wir lassen unsere Umgebung in uns hinein. Wir nehmen sie in jede Zelle unseres Körpers auf. Wir verbinden uns mit ihr. Wir machen auf – wenn auch unbewusst. Wir sagen Ja.

Ausatmend geschieht das Gegenteil: Beide Lungenflügel ziehen sich zusammen. In dem Moment lassen wir wieder los – auch das geschieht automatisch. Wir geben ab. Ziehen uns zurück. Wir nehmen Abstand von unserer Umgebung. Lösen uns. Sind wir uns dieser Wirkung bewusst, können wir sie viel gezielter einsetzen. In einem Zeitalter, in dem unser Bewusstsein immer höher schwingt, tun wir gut daran, zu erkennen, dass alles Feinstoffliche miteinander verbunden ist. Die Atmung spielt bei dieser Verbindung eine zentrale Rolle.

Impuls Nr. 8: Fremdes abgeben

Musst du dich mit Menschen umgeben, die dir energetisch nicht guttun, die dich stressen oder dir ein ungutes Gefühl vermitteln, lass nach einem solchen Treffen über die Ausatmung all das los, was du im Kontakt mit ihnen eingeatmet hast. Auch eine bewusste Abgrenzung darf sein! Sie ist besonders dann empfehlenswert, wenn dein Gegenüber aggressiv, traurig, wütend oder ängstlich war.

So geht's

Komm in einen aufrechten Stand. Stell dir vor, dass vor dir eine violette Flamme in einer Schale oder einem Lagerfeuer brennt. Diese violette Flamme wird alle negative Energie aufnehmen, die sich in deinem System befindet.

Atme bewusst durch die Füße ein, und stell dir vor, dass du dich auf diese Weise mit der Kraft der Erde verbindest. Stell dir dann mit der Ausatmung den Menschen vor, der etwas Unangenehmes bei dir hinterlassen oder dich gestresst hat. Lenk die Ausatmung ganz bewusst in die violette Flamme. Diese wird die schlechte Energie nun in Klarheit transformieren. Wiederhole diese Atmung so lange, bis du das Gefühl hast, wieder ganz bei dir zu sein.

WENIGER IST MEHR

Vielleicht bereitet dir die natürliche Atmung, bei der wir den Ausatem verlängern und kürzer einatmen, große Schwierigkeiten. Es kann sogar passieren, dass ein sogenannter Lufthunger entsteht. Damit gemeint ist das Gefühl, dass du glaubst, tief Luft holen zu müssen, um das Quantum an Luft einzuatmen, von dem du glaubst, dass es dir fehlt, wenn du langsamer und sanfter atmest. Vielleicht hast du sogar manchmal das Gefühl, keine Luft zu bekommen. Das kann besonders in Momenten geschehen, in denen wir Panik bekommen oder total gestresst sind, oder wir sind gerannt oder haben uns anderweitig angestrengt. Was wir in einem solchen Moment tun: Wir holen tief Luft. Das ist jedoch ein großer Irrtum. Wir vergleichen Luftmangel mit Hunger oder Durst und reagieren entsprechend darauf: Wir essen viel, wenn wir Kohldampf haben. Wir trinken viel, weil wir den Durst löschen möchten. Wir holen tief Luft, wenn wir das Gefühl haben, dass sie uns fehlt. Mit der Luft verhält es sich allerdings anders als mit Flüssigkeit, die wir zu uns nehmen, wenn wir Durst haben. Es klingt sogar ein wenig paradox: Wenn wir zu wenig Luft bekommen, sollten wir an die frische Luft gehen und ausatmen. Lange ausatmen. Ruhig ausatmen. So lange, bis ein Unterdruck entsteht und der Körper von sich aus dem Bedürfnis nachgeht, wieder einzuatmen. Wir lassen den Atem sozusagen kommen.

Impuls Nr. 9: Ruhe bewahren

Solltest du das Gefühl haben, zu wenig Luft zu bekommen, wenn du dich tiefer auf die verschiedenen Atemübungen einlässt, heißt es Ruhe bewahren. Und dann: langsam und sanft ausatmen und den nächsten Einatem ganz natürlich kommen lassen! Dann kann der Atem natürlich durch Unterdruck in deinen Körper hineinströmen. Unterdruck im Atemraum entsteht dann, wenn dieser Druck unter dem Umgebungsdruck liegt und der Atem natürlich und ohne Stress in den Körper hineinfließt, was nur möglich ist, wenn wir sanft und länger ausatmen.

So geht's

Sorge dafür, dass du diese Übung in einer ruhigen Umgebung machst. Nur so kannst du in der Tiefe entspannen. Je gleichmäßiger, sanfter und entspannter du atmest, desto mehr entspannen sich die Bauchdecke, der Brustraum und die Kehle. Darüber hinaus erlangst du eine feinmotorische Kontrolle über die Atemorgane.

Leg dich auf den Rücken, und leg deine Unterschenkel auf einem Stuhl ab. Dadurch entspannt deine Bauchdecke. Leg die rechte Hand oberhalb des Bauchnabels ab, die linke Hand liegt auf dem Brustraum. Entspann deinen Kiefer, deinen Hals und Nacken. Atme sanft durch die Nase ein, lenk den Atem zur rechten Hand, die sich sanft mit der Bauchdecke hebt. Die linke Hand und der Brustkorb sind ganz ruhig und sollten sich nicht bewegen. Du atmest durch die Nase aus. Ohne Druck. Auf diese Weise können alte Verspannungen in Bauch, Zwerchfell und Lungenbereich abgebaut werden. Für die Atemmuskulatur ist dies eine wunderbare Übung. Wenn möglich, lass den Ausatem etwas länger werden und warte auf den natürlichen Impuls des Körpers einzuatmen. Atme auf diese Weise einige Minuten.

Du kannst die Übung noch etwas vertiefen, wenn du magst. Atme auf diese Weise, und drück die Bauchmuskulatur am Ende der Ausatmung noch etwas Richtung Wirbelsäule. Entspanne danach in die Atemleere hinein. Und warte, bis der Atem von allein kommt.

Impuls Nr. 10: Atemräume erfahren

Sich dem Atem zuzuwenden bedeutet, sich dem Leben zuzuwenden. Mit jedem bewussten Atemzug wirst du spüren, dass du präsenter in deinem eigenen Körper bist. Du fängst an, Bereiche zu spüren, die du vorher nicht wahrgenommen hast. Du kommst mit jedem bewussten Atemzug mehr bei dir selbst an. Diese Präsenz lässt sich vertiefen, wenn du die wichtigsten Atemräume nutzt. Wenn du sie dir bewusst machst und sie über den Atem mit Leben füllst, wirst du noch mehr davon profitieren.

Durch diesen Impuls kannst du deine Atemräume besser kennenlernen: die Nase, den Rachen, den Brustraum und den Bauchraum. Die Nase ist deine direkte Verbindung zum Gehirn. Trittst du bewusst mit ihr in Beziehung, kannst du einen besseren Riecher für das bekommen, was dir guttut und was nicht. Für unsere Vorfahren, die frühesten Menschen, war der Riechsinn für das Überleben notwendig. Aber auch heute werden viele Vorlieben noch bewusst über die Nase gesteuert. Zum Beispiel ob du einen Menschen riechen kannst oder nicht.

Aber auch die anderen drei Atemräume sind von großem Wert. Sie machen es möglich, dass du dich wieder mehr auf deinen eigenen Körper einlässt und »nach Hause kommst«. Auch ankommen bei dir selbst darf sein.

So geht's

Du kannst diese Übung sowohl im Sitzen als auch im Liegen ausprobieren. Sorge dafür, dass du eine Haltung auswählst, in der du dich gut entspannen kannst. Komm zuerst einmal in dieser Haltung an. Öffne dich für sie. Nimm wahr, dass du dich mit der Einatmung öffnest und ausatmend loslässt. Versuche, deinen Atem dabei nicht zu verändern. Lass ihn geschehen. Beginne dann damit, den Luftstrom in der Nasenöffnung zu erfahren. Geh mit deiner Aufmerksamkeit zu den Nasenflügeln. Nimm die Öffnung deiner Nase wahr und konzentriere dich darauf, ein paar Minuten lang wahrzunehmen, wie der Luftstrom in das Innere der Nase hineinfließt. Spürst du, wie die kühle Luft in die Nase einströmt und wärmere Luft die Nase wieder verlässt? Kannst du den Strom der Atmung erfahren?

Geh dann mit deiner Aufmerksamkeit zu deinem Rachen und erfahre, wie der Luftstrom durch den Rachen Richtung Lunge fließt. Es kann anfänglich etwas mehr Aufmerksamkeit erfordern, sich auf diese Körperregion zu konzentrieren. Wenn du neugierig und offen bleibst, wirst du wahrnehmen, wie der feine Luftstrom in diesem Bereich strömt. Verweile auch hier ein paar Minuten. Wende dich dann deinem Brustkorb zu. Erfahre, wie er sich mit der Einatmung hebt und mit der Ausatmung wieder senkt. Normalerweise konzentrieren wir uns bei dieser Wahrnehmung auf den vorderen Bereich des Körpers. Wie fühlt es sich an, wenn die Einatmung die Flanken weitet? Kannst du die Zwischenrippenmuskulatur wahrnehmen? Das ist der zweitwichtigste Atemmuskel. Wenn du achtsam bist, kannst du möglicherweise wahrnehmen, wie sich der Brustkorb auf der Rückseite deines Körpers weitet. Verweile hier ein paar Minuten, bevor du dich dem Bauchraum zuwendest. Versuche, deine Atmung dann vollständig in den Bauchraum zu verlagern. Viele Menschen atmen primär in den Brustraum. Dabei wird der wichtigste Atemmuskel, das Zwerchfell, nicht beansprucht und die ganze Atemkapazität, die uns zur Verfügung steht, nicht vollends ausgeschöpft. Verweile hier ebenfalls ein paar Minuten und nimm wahr, wie sich die Bauchdecke hebt und wieder senkt, während du sanft ein- und ausatmest. Du kannst auch deine Hände auf den Bauchraum legen, um so die Atmung in diesem Bereich noch einmal bewusster zu erleben. Hier kannst du am Ende der Ausatmung die Bauchdecke bewusst Richtung Wirbelsäule führen und einen Moment lang in die Atemstille am Ende der Ausatmung hineinentspannen. Genieße diese tiefe körperliche Erfahrung. Mach dir bewusst, dass dein Körper ein großes Geschenk an dich ist. Das größte Geschenk des Lebens!

Verbinde dann die vier Bereiche miteinander: Nase, Rachen, Brustraum und Bauchraum. Achte darauf, dass diese Verbindung ohne Druck geschieht. Atme auf diese Weise einige Minuten.

Du kannst diese Übung vertiefen, indem du bei der Einatmung sagst: »Einatmend nehme ich wahr, wie ich durch die Nase einatme. Ausatmend nehme ich wahr, wie der Atemstrom durch die Nase ausströmt. Einatmend nehme ich wahr, wie der Atem durch den Rachenraum strömt. Ausatmend nehme ich wahr, wie der Atem den Körper wieder verlässt. Einatmend nehme ich wahr, wie der Atem den Brustkorb weitet. Ausatmend nehme ich wahr, wie sich der Brustkorb wieder senkt. Einatmend nehme ich wahr, wie sich die Bauchdecke hebt. Ausatmend nehme ich wahr, wie sich die Bauchdecke senkt.

Impuls Nr. 11: Häufiger staunen

Öffne dich für das Wunder, das sich im Atem offenbart. Es möchte dich daran erinnern, dass jeder Moment, jeder Atemzug einzigartig ist. Akzeptierst du die Einzigartigkeit in allem, brauchst du weniger gegen das Leben anzukämpfen. Dann wirst du aufhören, an Situationen, die längst ihre Bedeutung verloren haben, festzuhalten. Du wirst Routinehandlungen loslassen, die du nur aus Gewohnheit und aus Angst vor dem Neuen fortsetzt. Du kannst dich für das Neue öffnen, das sich in der Einzigartigkeit offenbaren möchte. Begegne der Magie des gegenwärtigen Momentes achtsam, offen und wertschätzend. Und sei offen für alles, was sich zeigen möchte. Dann wirst du in die Fülle, die sich am Ende der Einatmung zeigt, hineinentspannen und diese Fülle genießen. Und du wirst dich in die Leere, die dich am Ende der Ausatmung erwartet, hineinfallen lassen. Du lernst, in die Einzigartigkeit zu vertrauen. Und du erfährst, wie schön es sein kann, offen für das zu sein, was sich zeigen will. Alles.

So geht's

Lass dich bequem auf einem Stuhl oder einer Unterlage nieder. Achte darauf, dass du aufrecht sitzt. Schließ deine Augen, wenn es dir möglich ist, und nimm bewusst einige tiefe Atemzüge, bei denen du durch die Nase ein- und durch den Mund ausatmest. Auf diese Weise kannst du den Übergang von Geschäftigkeit im Außen auf die Konzentriertheit im Innen leichter ermöglichen. Wenn es dir möglich ist, richte deinen Rücken noch etwas mehr auf und komm so bewusst in eine würdevolle Haltung. Achte darauf, dass du dich nicht verspannst, während du für diese Meditation von der Geschäftigkeit des Alltags loslässt.

Geh nun zuerst einmal mit deiner Wahrnehmung durch deinen Körper. So als würdest du ihn von oben nach unten mit einem Scanner abfahren. Beginne mit dem Kopf, geh anschließend weiter mit deiner Wahrnehmung zum Nacken, zu den Schultern. Scanne auf diese achtsame Weise deinen ganzen Körper bis hinunter zu den Füßen. Nimm wahr, an welchen Stellen du besonders angespannt bist. Nimm auch wahr, wie dein Atem einströmt und wieder ausströmt. Wenn du den Atem auf natürliche Weise fließen lässt, geschieht das auf einfache Weise und ganz von selbst. Du kannst es innerlich betrachten, wie der Atem kommt und wie er wieder geht. Solltest du beim Scannen zu einem Bereich deines Körpers kommen, der sich vielleicht gerade nicht gut anfühlt, lass auch das da sein. Lass zu, dass sich zeigt, was sich zeigen möchte. Dein Atem gibt dir die Stabilität, jetzt hier mit dem zu sein, was auftauchen möchte. Einatmen. Ausatmen. Du brauchst nichts zu verändern. Alles, was ist, darf sein. Selbst Verspannungen im Kiefer- oder Schulterbereich gehören dazu. Auch Schmerzen gehören zur Erfahrung der Wahrnehmung.

Solltest du dich in Gedanken oder Geschichten, in Gefühlen oder Körperempfindungen verlieren, kehre mit deiner Wahrnehmung zur Atmung zurück. Selbst dann, wenn Verspannungen oder starke Schmerzen da sind.

Kannst du spüren, wie der Atem an den Nasenöffnungen aus- und einströmt? Ist es dir möglich, mit deinem ganzen Wesen zu erfahren, wie die Einatmung etwas kühler in die Nase einströmt und die Luft bei der Ausatmung leicht erwärmt den Körper wieder durch die Nase verlässt?

Bleib bei dieser Wahrnehmung, wie der Atem an den Nasenöffnungen ein- und wieder ausströmt. Ein. Aus. Lenk deine Achtsamkeit dann bewusst auf den Wechsel. Den Moment, wenn dein Atem die Richtung ändert und vom Einatmen zum Ausatmen übergeht. Es ist ein Augenblick, der dich sehr ins Jetzt bringen kann. Vielleicht gibt es da auch einen kurzen Moment, wo du in der Fülle des Atems innehältst, bevor die Einatmung zur Ausatmung wird. Möglicherweise handelt es sich dabei um einen kurzen Augenblick. Dann wechselt der Atem seine Richtung.

Wenn du achtsam bist, kannst du diesen winzig kleinen Moment, diesen Wechsel bewusst wahrnehmen. Es ist nur eine kleine Pause zwischen den beiden Atemzügen. Diese kleine Pause ist einzigartig. Du wirst sie so nicht noch einmal erleben. Beim nächsten Atemzug bist du schon nicht mehr dieselbe Person. Schenk dir hier einen winzigen Moment des Innehaltens, um zu erfahren, wenn der Atem seine Richtung ändert. Es geschieht nach jeder Einatmung. Immer wieder aufs Neue. Atemzug für Atemzug.

Und dieser Richtungswechsel geschieht auch nach der Ausatmung. Dieses Mal geht er von der Leere zurück in die Fülle. Auch hier könnte ein kurzer Moment der Atemstille, der Atemleere erfahrbar werden. Diese Erfahrung kann manchmal sehr subtil sein. Versuche, achtsam bei deinem Atmung zu bleiben, ohne ihn zu lenken. Lass den Atem einfach natürlich fließen. Lass geschehen, was geschehen mag. Wenn du dich dem Atem ganz hingibst, kann es passieren, dass dein Körper mit jeder Ausatmung ein bisschen mehr entspannt. Manchmal ist es kaum merklich, manchmal können wir wahrnehmen, wie wir innerlich etwas loslassen. Du musst nichts tun. Bleib so offen und achtsam wie möglich bei deiner Atmung. Lass dich mit dem Ausatmen in diese Entspannung tragen. Atme so auf deine Weise für ein paar Minuten.

Komm dann zum Ende dieser Meditation. Nimm wahr, wie sich dein Körper jetzt anfühlt. Recke und strecke dich anschließend, und wende dich wieder deinem Alltag zu.

DIR SELBST VERTRAUEN

Hast du dein Vertrauen in den Atem durch Panikattacken, Asthma oder andere Atemwegserkrankungen verloren, sodass es dir schwerfällt, deinen Atem gelassen zu beobachten? Das ist verständlich, aber selbst dann solltest du es immer wieder aufs Neue wagen, dich ihm anzuvertrauen. Oder eher gesagt: Gerade dann solltest du dich ihm wieder ganz neu und offen zuwenden. Mit allem, was ist. Mit dem Atem verhält es sich wie mit der Angst: Anstatt uns der Angst zuzuwenden, laufen wir vor ihr weg. Wir haben Angst vor der Angst. Genauso ist es mit der Atmung. Wir haben Angst, dass uns eine Panikattacke überfällt, wir Atemnot erleiden oder hyperventilieren. Deshalb atmen wir flach in den Brustraum hinein. Wenden wir uns dem Atem hingegen wieder zu, erkennen wir, wie viel wir von ihm lernen können. Und wie sehr er uns darin unterstützen kann, wieder zu einem natürlichen Rhythmus zurückzufinden. Und noch etwas: Wir lernen, wieder in uns selbst zu vertrauen.

Impuls Nr. 12: Freundschaft schließen

Mach deinen Atem zu deinem besten Freund. Dann wird er dir dabei helfen, den Alltag entspannter zu bewältigen. So wie ein echter Freund wird er dir dann auch in kritischen Situationen dienlich sein und dein Überleben sichern. So wie er dem Gleitschirmflieger geholfen hat zu überleben.

So geht's

Lausche dem Atem achtsam und offen. Dann lehrt er dich, dass du weniger und langsam atmen sollest, anstatt mehr und schnell. Dieses Weniger und Langsam steht im Gegensatz zu unserer Gesellschaft. Hier geht es immer noch um ein Schneller, Höher, Besser, Weiter und Noch-schneller und Noch-weiter. Wir haben uns mittlerweile an ein Zuviel von allem gewöhnt, sodass wir ein gesundes Maß von allem verloren haben. Tagtäglich überfluten uns auf allen Kanälen zahllose Informationen, sodass wir gar nicht mehr zur Ruhe kommen. Dabei ist weniger immer noch wertvoller als zu viel von allem. Das gilt auch für den Atem. Auch hier darfst du darauf vertrauen, dass weniger mehr ist. In dem Sinne, dass du weniger einatmest und mehr ausatmest. Beginne sanft: Atme auf vier ein und auf sechs aus. Übe auf diese Weise einige Tage lang immer wieder. Atme dann auf vier ein und auf acht aus. Mach diese Übung ebenfalls eine Zeit lang und achte darauf, was sich verändert.

WENIGER IST MEHR

Lässt du dich auf dieses »Weniger ist mehr« ein, wirst du spüren, dass du deinen Körper und seine Bedürfnisse immer besser kennenlernst. Du wirst Vertrauen entwickeln in die Signale, die er dir sendet. Du kannst ihm deshalb vertrauen, weil in ihm bereits alles angelegt ist. In dir gibt es eine natürliche Weisheit, die weiß, was gut ist. Verbindest du dich mit ihr, brauchst du niemanden mehr im Außen, der dir sagt, was du zu tun und zu lassen hast. Oder schlimmer noch: der dich zu irgendetwas zwingen will, was du nicht willst.

Impuls Nr. 13: Weit werden

Werde weit. Lass deine innere Weisheit zu dir sprechen. Das macht es dir möglich, mit der unendlichen Weisheit des Universums in Kontakt zu kommen. Weit werden bedeutet, dem eigenen Körper mehr zu vertrauen als den Instruktionen eines anderen Menschen, eines Arztes oder einer Institution. Weit zu werden erfordert viel Mut. Niemand im Außen kann dir sagen, welche Atemübung genau heute die wirksamste für dich ist. Nur du selbst kannst es fühlen und erfahren. Nur du selbst kannst herausfinden, was dir guttut, indem du deinen eigenen Körper mit deinem eigenen Atem beseelst und so zu mehr Weite kommst. Dein Körper ist ein Universum, das grenzenlos ist. Es hält unzählige Erfahrungen für dich bereit – wenn du dich für sie öffnest. Wenn du in deinen Atem vertraust, wird er zum Spiegel deines Seins.

So geht's

Trau dich, mit deiner eigenen tiefen Weisheit Verbindung aufzunehmen. Spring in die Ungewissheit des nächsten Atemzugs. Öffne dich dafür. Werde weit im Geist, während du den nächsten Atemzug tust. Die natürliche bewusste Atmung ist der Schlüssel dafür. Durch sie kommst du im Körper an und lernst dich besser zu spüren und wahrzunehmen. Je näher du dir selbst kommst, desto deutlicher wirst du erfahren, was dir guttut.

MUT ZUR PAUSE

In seinem Buch *Glück* beschreibt der buddhistische Mönch Matthieu Ricard, dass einer seiner Freunde eine Gruppe von Deutschen durch Indien begleitete. Sobald es eine Pause im Reiseplan gab, fragten die Touristen, warum es kein Angebot gebe. Die Idee, dass man bestimmte Eindrücke auch einmal sacken lassen sollte und dafür eine Pause im Reiseplan eingebaut war, schien vielen Reisenden unverständlich. Ähnlich verhält es sich im Alltag: Ein Moment der Stille ist eine gute Gelegenheit, ins Smartphone zu schauen. Eine Lücke zwischen zwei Terminen wird genutzt, um irgendetwas zu erledigen, was liegen geblieben ist. Wieso sind wir nicht mehr in der Lage, einfach mal eine kleine Pause zu machen und nichts zu tun? Erwiesenermaßen sind besonders Pausen solche Momente, in denen sich die Magie des Lebens entfalten kann. In solchen Augenblicken kann sich eine innere Türe zu einem Raum der Kreativität, der Stille oder der Inspiration öffnen, die sich zwischen all den Verpflichtungen und Aktivitäten niemals öffnen würde.

Die Angst vor Leere treibt uns häufig an, atemlos durch den Tag und das Leben zu hetzen. Geben wir uns jedoch vertrauensvoll dem Leben hin, dann gelingt es uns auch, Pausen entstehen zu lassen. Auch hier ist der Atem als Seismograf unseres Körpers und unserer Psyche ein wunderbarer Begleiter. Mit seiner Hilfe können wir lernen, Mut zur Pause zu entwickeln. Und genau über diese Pausen in der Atmung finden wir auch zur natürlichen Atmung zurück: Eine gesunde, natürliche Atmung geht immer mit Atempausen einher. Der natürliche Rhythmus besteht aus einer Einatmung und einer kleinen natürlichen Pause nach der Einatmung. Dieser kleinen Pause folgt dann auf natürliche Weise eine Ausatmung, die ebenfalls wieder eine kleine Pause nach sich zieht. Es ist ein natürlicher Prozess, diese Pause zwischen dem Ein- und Ausatmen. Wir haben es aber vor lauter Machen und Tun verlernt, uns diese kleinen, natürlichen Pausen der Atmung zu gönnen. Ähnlich verhalten wir uns im Alltag. Wir rasen durch unser Leben und vergessen, dass wir auch Pausen brauchen, um uns zu regenerieren.

Impuls Nr. 14: Atempausen genießen

Pausen dürfen sein. Auch bei der Atmung. Gibst du dich diesen Pausen hin, wird es einfacher, der Atmung mehr Aufmerksamkeit zu schenken. Durch diese Hinwendung wirst du wieder mehr Zuversicht dafür entwickeln, dass du Probleme – auch mithilfe deiner Atmung – überwinden wirst. Diese Zuversicht, gepaart mit einer Prise Geduld, brauchst du, um die Luft wieder geduldig in dich hineinströmen zu lassen und das Ausatmen wieder länger werden zu lassen.

So geht's

Komm in den Vierfüßlerstand. Atme in dieser Stellung einige Mal sanft und langsam durch die Nase aus und ein. Lass zwischen Aus- und Einatmen eine kleine natürliche Pause entstehen. Mit einer Ausatmung senkst du dein Gesäß Richtung Fersen ab. Dabei tönst du mit geschlossenem Mund den Laut »Mmmm …«. Am Ende der Ausatmung kannst du noch sanft die Bauchdecke Richtung Wirbelsäule ziehen. Achte darauf, dass du natürlich und sanft atmest, ohne Druck.

Atme nach der Pause nach der Ausatmung wieder ein, und komm während der Einatmung zurück in den Vierfüßlerstand. Lass auch hier wieder eine kleine Pause entstehen, und geh dann zurück auf die Fersen. Entspann dich in die Pause nach der Ausatmung hinein.

Genieße dieses Gefühl, in dieser Position alle Anspannung abzugeben. Gönn dir diese Pause. Auch das darf sein! Du hast es verdient. Jederzeit! Du brauchst nicht erst etwas zu leisten, um eine Pause zu machen. Genieße eine kleine Pause. Eine Atempause. Eine Gedankenpause. Und vergiss nicht: Alles, was ist, darf sein.

STRESS REDUZIEREN

Wir verzichten mittlerweile selbst auf kleine Pausen, weil wir das Gefühl haben, dass sich unser Leben so rasant schnell verändert, dass wir uns keine Erholung gönnen dürfen. Wir kommen nicht mehr hinterher. Die Veränderungen sind so komplex, dass wir die Übersicht verloren haben und gar nicht mehr wissen, was wir zuerst tun sollten, um mitzukommen. Diese Unüberschaubarkeit erschöpft uns, macht uns müde. Sie laugt uns aus und bedroht uns gleichermaßen. Gefühle der Überforderung betreffen mittlerweile viele Menschen quer durch die Gesellschaft. Der dadurch entstehende Stress gehört für die meisten Menschen zum Leben wie die Luft zum Atmen. Wir leben in einer Gesellschaft, in der Pausen als verschwendete Zeit angesehen werden. Dabei ist Stress für die meisten Menschen ein großes Problem, weil er sie sowohl körperlich als auch mental angreift. Die meisten sind dem Stress nicht mehr gewachsen.

Der erste Schritt heraus aus dem Stress ist es innezuhalten, Pausen einzulegen. Und das ist genau das, was Angst macht. Bloß keine Zeit vergeuden. Nicht rasten, weil sonst die Gefahr besteht zu rosten. Dieser Denkfehler treibt derzeit eine ganze Gesellschaft in den Burn-out. Dabei brauchen wir Pausen dringender als noch einen weiteren Punkt auf unserer To-do-Liste, die täglich länger wird. Nur in den Momenten, in denen wir zur Ruhe kommen, können wir uns spüren und die eigenen Bedürfnisse und Wünsche erkennen. In Pausen kommen wir zur Besinnung. Wie heißt es so schön? »Wenn du keine Zeit hast, mach einen Umweg.« Eine andere Weisheit empfiehlt: »Wenn du glaubst, nur zehn Minuten für eine Meditation zu haben, praktiziere eine ganze Stunde.«

Wer innehält, kommt an. Im gegenwärtigen Augenblick. Und er lässt überzogene Ansprüche los. Die an sich selbst, die an andere und die an das Leben. Wer innehält, kann sich befreien aus der Zwickmühle aus Mangel und Druck und sich hineinentspannen in eine Zufriedenheit inmitten der Unvollkommenheit und der kleinen Lücken im Tag oder sogar im Lebenslauf. Damit uns der Atem in stressigen Momenten nicht davonjagt, sich überschlägt oder Panik verursacht, müssen wir ihn dressieren. Er soll – und kann – uns zu einer Pause verhelfen. Sie lässt mit der Zeit in unserer Wahrnehmung auch eine Pause zwischen irgendeinem Reiz und unserer Reaktion entstehen. Und genau in dieser Pause liegt das Himmelreich.

Impuls Nr. 15: Den Atem lenken

Normalerweise atmen wir tagsüber im Schnitt zwölf- bis fünfzehnmal pro Minute. Im Schlaf hingegen reduziert sich unsere Atemfrequenz auf sechsmal pro Minute. Mit der 4-7-11-Atemübung vermitteln wir unserem Körper das Gefühl zu schlafen. Diese Übung aktiviert den Parasympathikus, senkt den Blutdruck, entspannt die Muskeln und sorgt dafür, dass sich der Herzschlag verlangsamt und Blut in die Verdauungsorgane gelenkt wird. Durch diese Atmung schaltet der Körper in den Ruhemodus. Denn auch Ruhe darf sein. Zeiten, in denen wir ganz bei uns sind, entspannen und loslassen. In diesem Modus wird auch der Vagusnerv aktiviert, der dafür zuständig ist, dass sich Zellen regenerieren, du dich ausruhen kannst und so zu neuen Kräften kommst.

So geht's

Komm in eine bequeme Sitzhaltung. Achte darauf, dass die Wirbelsäule aufgerichtet ist und du gleichermaßen entspannt sitzt. Atme dann vier Sekunden lang ein und sieben Sekunden lang aus. Wiederhole diese Atmung mindestens elf Minuten am Stück.

EINKLANG ERFAHREN

Wie du bestimmt durch die ersten Impulse erfahren hast, kann die Atmung dir sehr große Dienste leisten. Sie ist die einzige Funktion unseres vegetativen Nervensystems, auf das wir bewusst Einfluss nehmen können. Der Atem wird dadurch zu einem Schlüssel, mit dem wir psychosomatische Symptome bewusst regulieren können. Durch die Lenkung des Atems können wir ein neues und viel tieferes Bewusstsein für unseren Atem schaffen.

Impuls Nr. 16: Körper und Atem im Einklang

Lenk deine Achtsamkeit immer wieder auf deine Atmung. Lass dich dabei von ihm in eine heilsame Körpererfahrung führen. Diese Achtsamkeit zu entwickeln geschieht nicht von heute auf morgen, sondern braucht seine Zeit. Widmest du dir täglich ein paar Momente, um mit Geduld, Achtsamkeit und Offenheit an deiner Atmung zu arbeiten, ohne dich unter Druck zu setzen, wirst du seine enorme Heilkraft erfahren. Schenkst du ihm täglich ein paar Minuten, lösen sich nach und nach tiefe Verspannungen im Körper und Knoten im Geist. Dadurch öffnen sich die Körperräume und werden frei. Nur dann kann die Luft wieder ungehindert durch den Körper fließen und dein ganzes System mit frischer Lebensenergie erfüllen. Es verhält sich genauso wie mit einem Rohr oder Kanal: Ist er verstopft oder blockiert, ist auch der ungestörte Fluss eingeschränkt. Eine Möglichkeit, sich einen Weg zu dieser inneren Freiheit zu ebnen, ist es, die Bewegung der Arme im Einklang mit der Atmung geschehen zu lassen.

So geht's

Du sitzt entspannt am vorderen Rand eines Stuhls. Dein Unterkiefer ist locker, beide Schultern sind entspannt. Die Füße haben guten Kontakt mit dem Boden und stehen parallel nebeneinander. Einatmend hebst du über die Seite deine Arme. Genieße dann die kurze Atempause am Ende der Einatmung, und warte auf den Impuls des Körpers auszuatmen. Senke dann langsam und achtsam deine Arme über die Seiten. Atme dabei langsam und bewusst aus. Durch diese einfache Übung wirst du ein gutes Gespür für das Zusammenspiel von Bewegung und Atmung bekommen.

Du kannst sie auch stehend machen. Das wird dein Körpergefühl noch einmal verändern und verfeinern. Komm dafür in einen aufrechten Stand, und verwurzle deine Füße über eine achtsame Wahrnehmung im Boden. Geh dann mit deiner Aufmerksamkeit bewusst durch deinen Körper, um eine Verbindung zu ihm als Atemraum aufzunehmen. Lass dir hierfür ein paar Momente Zeit. Versuche dabei, dich wirklich bewusst zu spüren. Wenn du an deinem Scheitelpunkt angekommen bist, atme sanft und natürlich durch die Nase ein. Bring dabei beide Arme über vorn nach oben. Die Schultern bleiben locker und entspannt. Nimm dann die kleine Pause zwischen Ein- und Ausatmung wahr, und bring ausatmend deine Hände wieder zurück neben deinen Körper. Atme so einige Minuten, und spüre dieser Übung dann bewusst und achtsam nach.

Du kannst auch liegend üben. Wenn du die Praxis in den verschiedenen Körperhaltungen machst, hat das den Vorteil, dass du deinen Körper in den verschiedenen Positionen wieder mit einer bewussten, achtsamen und natürlichen Atmung vertraut machst. Ein Vorteil der liegenden Position ist, dass du dich ganz achtsam entspannen und deinen Körper nach und nach der Unterlage anvertrauen kannst.

Besonders für traumatisierte Menschen ist es sehr schwer, nichts zu tun, weil die innere Unruhe so stark ist. Diese Übung hilft dann in die Entspannung, und sie bietet sich auch an, wenn du nachts nicht schlafen kannst, aber zu müde bist, um aufzustehen. Sie unterstützt dich darin, den natürlichen Atem zu kultivieren und das Nervensystem zu beruhigen. Du schlägst quasi zwei Fliegen mit einer Klappe, während du nicht schlafen kannst. Das ist eine wunderbare Art und Weise, eine schlaflose Nachtphase zu überbrücken. Nach dem Motto: Alles, was ist, darf sein – auch eine schlaflose Nacht.

VERBINDEN STATT TRENNEN

Um als Menschenfamilie durch diese schwierige Zeit zu kommen und der heute typischen permanenten Überforderung Einhalt zu gebieten, unter der immer mehr Menschen zusammenbrechen, krank und depressiv werden, braucht es eine Entwicklung, die uns Menschen entspricht. Eine, die uns mitnimmt, statt uns zu überrollen. Die Orientierung, die in ein neues Zeitalter weist, sollte alle im Blick haben und sich zum Wohle aller hin entwickeln. Diese Entwicklung sollte beim Einzelnen, sprich bei dir selbst, beginnen und das Wohle aller berücksichtigen. Auch das darf sein: diese Ausrichtung zum Wohle aller. Unsere persönliche Entwicklung wird für alle von Bedeutung sein. Nicht umsonst heißt es, dass das 21. Jahrhundert ein spirituelles Jahrhundert sein wird oder gar keins.

In diesem ersten Kapitel des Buches hast du viel über die Atmung gelernt. Du hast erfahren, wie sehr dich der Atem in diesen jetzigen Augenblick bringen kann. Schließlich besteht unser ganzes Leben immer nur aus diesem Augenblick. Es ist das Einzige, was wir tatsächlich beeinflussen können. Über die Atmung können wir in diesem jetzigen Moment aber auch noch die Verbindung mit allem erfahren: mit uns selbst, mit der Natur und mit unseren Mitmenschen. Ohne die Natur könnten wir nicht leben. Bäume sorgen dafür, dass wir frischen Sauerstoff erhalten. Wir sind über die Atmung aber auch mit allen anderen Menschen verbunden. Sie atmen die gleiche Luft wie wir. Egal, wie alt oder jung sie sind. Egal, wie reich oder arm sie sind.

Impuls Nr. 17: Erwachen

Werde dir der Verbundenheit bewusst, die dein Leben durchwebt. Die Atmung unterstützt dich dabei, dich auf eine liebevolle, achtsame und mitfühlende Weise für andere Menschen zu öffnen. Du bist Teil der Menschheitsfamilie. Egal, welche Hautfarbe du hast oder welcher Religion du angehörst. Du bist aus dem gleichen göttlichen Stoff gemacht wie alle anderen Wesen hier auf diesem Planeten. Jenseits aller Hautfarben und aller Geschlechter, jenseits aller Vorlieben und aller Abneigungen gibt es etwas, das hat keinen Anfang und kein Ende. Ob es dir bewusst ist oder nicht, aber auch du bist verbunden mit diesem Etwas, diesem Göttlichen, diesem Bewusstsein, das alles durchdringt.

Wenn du die bisher beschriebenen Impulse regelmäßig praktizierst und sie als Lichter auf deinem Weg siehst, wirst du erwachen und verstehen, dass du nicht die Wolke bist, sondern der Himmel. Du wirst erkennen, dass du nicht das Ich-Mein-Mir bist, sondern die Essenz, die dem Atem innewohnt.

So geht's

Komm in eine aufrechte und bequeme Sitzhaltung. Lass dich nieder. Wenn du magst, schließ deine Augen. Richte deine Aufmerksamkeit nun auf deine Atmung. Nimm wahr, wie der frische, kühle Atem durch die Nase einströmt und der Atem erwärmt mit der Ausatmung den Körper wieder verlässt. Atme entspannt ein und aus.

Öffne dich mit der Einatmung für die Verbundenheit mit allem. Mach dir bewusst, dass alle Menschen auf dieser Erde die gleiche Luft einatmen. Ausatmend lässt du alles los, was dich in deiner Vorstellung von anderen trennt. Einatmend geschieht Öffnung, Weitung. Ausatmend erfährst du ein Abgeben, Loslassen. Atme auf diese Weise. Öffne nach Möglichkeit dein Herz für dieses Wissen um die Verbundenheit mit allem …

Verweile in dieser Übung so lange, wie du magst.

Ja zum Körper

Wollen wir alles sein lassen, was ist, gehört unser Körper auch dazu. Wenn wir eine gute Beziehung zu ihm entwickeln und ihn nicht länger als unseren Feind oder eine Funktionsmaschine betrachten, kann die Atempraxis sehr schnell eine Verbindung zwischen Atem und Körper, zwischen Körper und Geist herstellen. Was aber, wenn wir über die Atmung erfahren, dass wir nicht wirklich mit unserem Körper verbunden sind? Was, wenn wir spüren, das es schmerzhaft ist, wenn wir ihn beseelen wollen? Und was, wenn wir unseren Körper hassen und nur Nein zu ihm sagen? Was, wenn wir am liebsten tot wären, weil er nicht unseren Idealvorstellungen entspricht? Was, wenn wir unseren Körper nicht fühlen wollen, weil wir in der Jugend sexuell missbraucht wurden und das einzige Körpergefühl, dass wir für uns selbst haben, Abscheu, Ekel oder Ablehnung ist? Klingt eine Übung, bei der wir mitfühlend, wohlwollend und achtsam mit unserem Körper in Kontakt kommen sollen, dann nicht wie Hohn? Wie soll ein Mensch, der sich in seinem Körper nicht wohlfühlt, weil er Übergewicht hat, der Busen vermeintlich zu groß ist, der Penis zu klein, die Beine zu kurz, der Hals zu lang, Narben das Gesicht entstellen, Ja zu sich selbst sagen? Wie soll jemand, der vergewaltigt wurde, einen Zugang zu seinem Körper finden und das Motto »Alles, was ist, darf sein« zu einem wohltuenden Mantra machen? Ist das möglich?

Ja! Alles ist möglich, wenn alles, was ist, da sein darf. Wir können jederzeit anfangen, uns selbst näherzukommen. Manchmal dauert es eine Weile. Aber es ist möglich. Es geht um eine mitfühlende, innere Haltung, mit der wir uns selbst begegnen, um eine positive und glückliche Zukunft zu gestalten. Schließlich müssen wir bis an unser Lebensende mit uns selbst und unserem Körper verbringen. Während dieser Zeit sollten wir möglichst friedvoll und liebevoll mit uns umgehen. Auch ein glückliches Leben mit uns selbst darf sein. Aber: Es bedeutet Arbeit, Geduld und Achtsamkeit. Wenn wir bereit sind, dies in uns selbst zu investieren, werden wir ein tiefes Glück erfahren, das unabhängig von äußeren Umständen ist. Dann ist es sogar egal, wenn uns ein anderer Mensch ablehnt oder verlässt.

WEISHEITSGESCHICHTE:
Auch ein unvollkommener Körper ist liebenswert

Rosa hatte durch Brustkrebs ihre linke Brust verloren. Nach der OP teilte ihr Mann, ein Architekt, ihr mit, dass er sich von ihr trennen würde. Seine Begründung lautete folgendermaßen: »Ich liebe symmetrische Formen. So wie bei Häusern brauche ich auch bei Frauen das Gefühl, dass die Symmetrie stimmt. Ja, ich brauche das sogar, damit ich das Gefühl habe, dass die Frau, mit der ich lebe, ganz und vollkommen ist.«

Anstatt dass sie sich selbst aufgab, setzte sich Rosa mit dem Schmerz auseinander, der ihr zugefügt wurde. Der Verlust ihrer Ehe tat ihr sehr weh. Als wäre die Erkrankung selbst nicht schon schlimm genug gewesen. In den ersten Monaten nach der Trennung hatte sie das Gefühl, als hätte sich das Leben vollkommen gegen sie verschworen. Dann aber ermutigte sie eine Freundin, das Schicksal als Chance zu betrachten und Ja zu dem zu sagen, was ihr passiert war. Sie sagte auch Ja zu sich und ihrem Körper. Sie machte eine Therapie, in der sie viel über sich selbst lernte. Aber das Allerwichtigste für sie war, dass sie lernte, sich selbst zu lieben, mit all ihren körperlichen und seelischen Narben.

Zwei Jahre nach ihrer Trennung lernte sie einen Mann kennen, der sie so liebte, wie es kein anderer zuvor getan hatte. Nach nur drei Monaten bat er sie, seine Frau zu werden. Mittlerweile sind sie seit fünfzehn Jahren glücklich vereint. Ihr liebevoller Umgang miteinander beruht unter anderem darauf, dass Rosa durch ihre Erkrankung gelernt hatte, sich unabhängig von der Liebe der anderen zu machen. Sie hatte erkannt, wie wichtig es ist, Ja zu sich selbst zu sagen. Zu ihrer Figur, zu den dünnen Haaren, zu ihrer kleinen

Nase und ihrer amputierten Brust. Es hatte eine Weile gedauert, bis es ihr möglich war, denn ihr Äußeres entsprach in vielem nicht dem Frauenideal, das ihr tagein, tagaus in den Medien vorgehalten wurde. Ihre Sicht veränderte sich aber in dem Moment grundlegend, als sie nicht mehr länger darauf schaute, was sie nicht war und was sie nicht hatte, sondern was ihr Körper tagtäglich Wunderbares für sie vollbrachte. Sie lernte ihn zu schätzen und zu lieben. Noch eines erkannte Rosa: Es ist nicht das Perfekte, es sind die kleinen Unvollkommenheiten, die sie selbst und auch jeden anderen Menschen einzigartig machen.

EIN KUNSTWERK WÜRDIGEN

Unser Körper, mal klein, mal groß, mal schmal, mal breit, ist ein Geschenk des Himmels an uns. Er ist ein lebendiges Kunstwerk. Unser Körper ist ein kreatives Wunderwerk aus Haut, Knochen, Organen, Muskeln und Geweben. Obwohl wir anatomisch eine gewisse Grundstruktur gemein haben, ist doch jeder Körper einzigartig und gleicht einer wandelnden Enzyklopädie. Jede Erfahrung, die wir in diesem Leben gemacht haben, ist dort gespeichert. Auch solche, an die wir uns nicht mehr erinnern können oder wollen. Gehen wir mit unserem Körper in einen Dialog, wird er zum Geschichtenerzähler. Auch deshalb lohnt es sich, dem Körper Gehör zu schenken. Auch dann, wenn manche Geschichten wehtun. Sie erzählen von Leere, Trauer, Wut, Angst, Schuld oder Scham. Wieder andere handeln von Lust, Freude, Verbundenheit, Hoffnung, Liebe und der

Fähigkeit zu überleben. Auch hier gilt: Alles, was ist, darf sein. Lassen wir den Körper zu Wort kommen, brauchen wir das, was sich zeigen will, nicht länger verdrängen. Was dann geschieht, ist Heilung. Wie auch immer sie sich zeigen mag. Als Gedanke, als Gefühl oder als Körperempfindung. Indem wir Ja sagen und annehmen, was ist, können Wunder geschehen.

Dabei dürfen wir allerdings nicht vergessen, dass der Körper nicht immer unseren Wünschen folgt. Auch dann nicht, wenn wir Ja zu ihm sagen und ihm zuhören. Er hat seine eigenen Gesetzmäßigkeiten, die sich manchmal unserer Logik entziehen: Wir tun unser Bestes und leben gesund, versorgen ihn mit nachhaltiger Nahrung und schenken ihm viel Mitgefühl und Aufmerksamkeit. Trotzdem werden wir möglicherweise damit konfrontiert, dass wir krank werden. Dann müssen wir schmerzlich erkennen, dass wir nicht alles kontrollieren können. Und dass ein Ja zu uns selbst kein Garant für ewig währende Schönheit und Gesundheit ist.

VIELSCHICHTIGKEIT DARF SEIN

Die Ursachen für eine körperliche Disposition, eine akute Erkrankung oder ein chronisches Leiden können manchmal komplexer sein, als es unser oberflächliches Verständnis zulässt. Nicht selten wirft eine Diagnose viele Fragen auf. Dann fangen wir an, in der persönlichen Vergangenheit zu suchen. Oder wir erforschen das Leben unserer Ahnen, in der Hoffnung, dort den Schlüssel zur Heilung zu finden. Oder aber wir gehen auf karmische Spurensuche.

Häufig werden wir fündig. Aber manchmal bleibt ein Umstand ein ungelöstes Rätsel, das unseren Verstand übersteigt. Auch das darf sein: dass wir nicht immer sofort eine Ursache oder eine Lösung finden, wenn wir unter einer chronischen Erkrankung leiden oder die Diagnose einer unheilbaren Krankheit erhalten. In einem solchen Fall Gleichmut zu entwickeln ist nicht leicht, weil wir auf alles eine Antwort haben und eine Lösung finden möchten. Wir sind umgeben von einer Vielzahl von Interpretationsmöglichkeiten, Zuschreibungen, Fantasien und Annahmen, wenn es darum geht, einen Grund für ein körperliches Leid zu finden. Aber jeder Mensch ist einzigartig und so multidimensional, dass wir nicht alle Ebenen mit unserem Verstand durchdringen können. Deshalb ist es ab und zu auch einfach gut, die Dinge so stehen zu lassen, wie sie sind. Und zu akzeptieren, dass es nicht auf alles eine Antwort gibt. Auch das darf sein.

Impuls Nr. 18: Da sein lassen, was sich zeigt

Wenn du das nächste Mal Migräne bekommst, Halsschmerzen oder Durchfall hast oder mit irgendeinem anderen physischen Leid konfrontiert wirst – oder wenn du bereits körperlich unter etwas leidest, versuche, es einmal einfach nur da sein zu lassen.

Sobald du nach einer Erklärung sucht oder eine Lösung haben möchtest, lass diesen Versuch los. Sag einfach: »Stopp!« Lass das, was sich zeigt, einfach mal da sein und nimm wahr, was sich eigentlich genau zeigt und wie es sich verändert, wenn du dem, was auftaucht, keine Zuschreibung gibst. Einfach nur wahrnehmen, erforschen und sein lassen. Der Atem kann dir dabei helfen, indem du dich immer wieder auf ihn konzentrierst.

DEIN GROSSES JA ZU DEINEM KÖRPER

Viele Menschen teilen eine große Sehnsucht: Sie möchten »nach Hause kommen«. Sie würden so gern Frieden schließen mit sich selbst und ihrem Körper. So richtig ankommen werden wir aber erst, wenn wir die Selbstoptimierung hinter uns lassen und unseren gottgegebenen Körper annehmen. Deshalb: Vertraue dem Leben. Es hat dir genau den Körper gegeben, den du für dieses Leben brauchst. Er hat genau die Disposition, die es dir möglich macht, die Lektionen zu lernen, die in diesem Leben für dich anstehen. Vertraue in die Vollkommenheit deines einzigartigen Körpers. Glaube an ihn und an die Kraft, die in ihm steckt. Öffne dich für die zahlreichen Wunder, die er täglich für dich vollbringt. Diese Hinwendung zu deinem Körper ist vonnöten, wenn du tiefes Glück erfahren willst. Und sie ist auch deshalb wichtig, weil du nur so lernst, seine Signale zu hören und zu deuten. Das bedeutet, dass du Verantwortung für deinen Körper übernimmst und ihn so gut wie möglich umsorgst und pflegst. Das wird dir am besten gelingen, wenn du lernst, ihn so zu lieben, wie er ist.

Impuls Nr. 19: Liebe, was du bist

Beginne, dich deinem Körper achtsam und liebevoll anzunähern – und zwar so, wie er ist. Mach dich frei von Schönheitsidealen, Trends oder gesellschaftlichen Vorgaben. Schau auf das, was dich besonders macht. Dann wirst du nach und nach erkennen, dass es die kleinen Dinge sind, die dir ein Lächeln ins Gesicht zaubern können: ein Grübchen, Sommersprossen, die schön geschwungenen Augenbrauen oder die Oberlippe. Sollte aber deine Ablehnung deinem Körper gegenüber überwiegen, nähere dich ihm langsam über ein Körperteil an.

So geht's

Schau auf die guten Seiten deiner Hände. Nimm sie dafür mehrmals am Tag achtsam wahr. Betrachte sie so, als würden sie einem Menschen gehören, den du sehr liebst. Versuche, sie ganz bewusst zu spüren, wenn sie etwas tun. Nimm sie auch dann wahr, wenn sie ruhen. Spüre jeden einzelnen Finger und finde heraus, welchen der zehn Finger du am intensivsten spüren kann, wenn du ganz achtsam bist.

Bist du dir bewusst, wie geschickt deine Hände sind? Sie können viele Dinge allein erledigen, ohne dass du sie dazu lenken musst. Hände sind zu Erstaunlichem in der Lage. Sie können streicheln, schlagen, kochen, säen, ernten, spielen, auffordern oder Grenzen setzen.

Du kannst auch noch tiefer eintauchen in das Wunder deiner Hände: Wenn du sie betrachtest, erinnere dich daran, wie sie ausgesehen haben, als du noch ein Kind warst. Stell dir vor, wie sie sich seitdem verändert haben und wie viel Schönes sie in all den Jahren berühren durften. Diese Vorstellung kann ein tiefes Gefühl der Dankbarkeit dafür auslösen, dass du Hände hast, dass sie fühlen können und wie reichhaltig das Leben dich beschenkt. Stell dir weiter vor, dass deine Hände sich auch noch weiter wandeln werden. Sie werden älter und faltiger. Auch das darf sein. Und irgendwann werden sie sich nicht mehr bewegen, weil du dann tot bist. Sie werden zu Staub zerfallen. Bis dahin kannst du dankbar sein für jede Bewegung, die sie für dich ausführen.

Du kannst diese Übung auch mit anderen Teilen deines Körpers machen. Auch mit solchen Regionen, die möglicherweise krank, gebrochen oder geschwollen sind. Dadurch stimmst du dich noch einmal ganz anders auf deinen Körper ein und erfährst, wie es sich anfühlt, wenn du dich auch diesen Bereichen liebevoll zuwendest. Darüber hinaus wirst du auch die aktuellen physischen Empfindungen bewusster wahrnehmen und kannst sei auch da sein lassen. Wenn du dich für deinen Körper als ein großes Geschenk öffnest, wirst du automatisch bewusster erleben, was in den verschiedenen Partien deines Körpers vor sich geht. Dann entdeckst du möglicherweise auch solche Empfindungen, die du lange Zeit unterdrückt hast. Es kann auch passieren, dass du nichts spürst, wenn du dich vernachlässigten Regionen erstmals zuwendest. Manchmal fühlt sich unser Körper auch taub oder leblos an, wenn wir anfangen, ihm mehr Aufmerksamkeit zu schenken. Auch hier gilt: Alles, was ist, darf sein. Du brauchst dich von anfangs ungewohnten Empfindungen nicht abschrecken lassen. Sei offen und neugierig, und erinnere dich immer wieder daran: Alles, was ist, darf sein.

DEN KÖRPER BESEELEN

Wenn alles, was ist, sein darf, dürfen wir uns unseren Körper Zentimeter für Zentimeter nach und nach wieder zurückerobern und ihn beseelen. Egal, wie kurz die Beine sind, wie dünn die Haare sind, wie dick der Bauch ist. Alles, was ist, darf sein. Diese Selbstakzeptanz gelingt nicht von heute auf morgen. Aber es ist möglich, dass wir lernen, uns selbst zu lieben. Und es lohnt sich! Der Atem kann uns hierbei wie viele andere Zuwendungen eine große Hilfe sein. Jeder bewusste Atemzug, jede sanfte Dehnung, jede liebevoll ausgeführte Selbstmassage ist eine kleine Hinwendung zu dir selbst. Diesem Ja wohnt eine ganz besondere

Kraft inne. Indem du immer wieder Ja zu deinem Körper sagst und dankbar für ihn bist, wirst du mehr im Körper sein. Und du wirst erfüllter und gelassener sein.

Impuls Nr. 20: Beseelen

Was aber bedeutet es, im Körper zu sein? Es heißt, dass du deinen Körper nicht länger nur denkst, sondern spürst. Es bedeutet, dass du die Regionen, von denen du dich abgeschnitten hast, nach und nach wieder mit sanften, mitfühlenden Atemzügen beseelst. Die folgende Übung, der achtsame Körperscan, ist eine wunderschöne Möglichkeit, den Körper zu beseelen.

So geht's

Lass dich auf einer Unterlage nieder. Achte darauf, dass sie nicht zu weich ist. Du solltest dich wohlfühlen und gut eine halbe Stunde dort liegen können. Schließ deine Augen, wenn es dir möglich ist. Deine Arme liegen entspannt neben dem Körper. Deine Handflächen zeigen nach oben. Du kannst dir ein Kissen unter die Knie legen, um deinen unteren Rücken zu entlasten. Deine Zehen fallen leicht nach außen.

Wenn du eine gute Lage gefunden hast, mach es dir in dieser Haltung so bequem wie möglich. Nimm dir die

Zeit, hier wirklich anzukommen und dich zu spüren. Häufig nehmen wir uns keine Zeit für uns selbst. Besonders dann nicht, wenn es darum geht, uns selbst etwas Gutes zu tun. Mach dir bewusst, dass es während dieser Übung nichts zu tun gibt und du nichts erreichen musst. Erlaube dir, hier zu sein und einfach dir selbst etwas Gutes zu tun.

Richte deine Aufmerksamkeit nun auf deinen Bauch. Nimm wahr, wie sich deine Bauchdecke mit der Einatmung hebt und ausatmend senkt. Achte darauf, dass du durch die Nase ein- und ausatmest. Versuche, dich mit jeder Ausatmung ein bisschen mehr auf der Unterlage niederzulassen. Vertraue darauf, dass die Unterlage dich hält. Dass sie dich trägt.

Geh dann mit deiner Aufmerksamkeit zu deinem linken Fuß, und lenke deine Ausatmung dorthin. Stell dir vor, dass du mit jeder Ausatmung Energie, Liebe und Selbstmitgefühl in diese Region schickst. Stell dir vor, dass du diese Region auf diese Weise bewusst beseelst. Strenge dich aber nicht an. Du musst auch nichts fühlen. Wenn du dich bereits beim ersten Mal in dieser Region wahrnimmst, ist es wunderbar. Wenn nicht, ist es auch okay. Atme einfach sanft und natürlich in deinen Fuß, so wie er ist. Entscheidend ist der Grad deiner Aufmerksamkeit. Versuche, möglichst wach zu bleiben, während du diese Übung machst, ohne etwas erreichen oder leisten zu wollen.

Richte deine Aufmerksamkeit nun auf das linke Fußgelenk, und atme hier wohlwollend in diese Region.

Geh auf diese Weise weiter zum Unterschenkel, zum Knie, zum Oberschenkel, zur Leiste, dem Übergang zwischen Bein und Hüfte hin zur linken Hüfte. Erfülle und beseele dann deinen rechten Fuß und das rechte Bein ebenso mit Atem, Energie, Selbstmitgefühl.

Richte nun deine Aufmerksamkeit auf das Gesäß, und beseele diesen Bereich. Geh dann weiter zu den Genitalien, dem Anus, dem Becken und dem Beckenbereich. Wende dann deine Aufmerksamkeit dem unteren Rücken zu, und wechsle danach zum Bauch- und Brustraum. Schenk deinem ganzen Körper sanfte, natürliche Atemzüge, die deinen Körper nach und nach beseelen. Weiter dann die Arme und Hände, Hals und Nacken, Hinterkopf und Gesicht. Beseele jede einzelne Region deines Körpers mit Atem, Energie, Selbstmitgefühl und Liebe.

KÖRPERSPANNUNGEN ABBAUEN

Wenn wir anfangen, unseren Körper zu beseelen und neu zu beleben, spüren wir oft, dass wir ihn über die Maßen strapaziert haben. Dann erkennen wir, dass wir ihn viele Jahre als Funktionsmaschine missbraucht haben. Durch dieses sanfte, mitfühlende Beseelen realisieren wir, dass unser Körper Pausen und Auszeiten braucht. Dann wird uns bewusst: Eine liebevolle Auszeit für meinen Körper – auch das darf sein!

Impuls Nr. 21: Entspannen

Gönn deinem Körper regelmäßig Zeiten der Erholung und der Entspannung. Dadurch wirst du noch tiefer und bewusster in ihm ankommen und vorhandene Spannungen abbauen. Du wirst nur dann spirituell langfristige und tiefe Fortschritte machen, wenn du ganz im Körper angekommen bist und dich in ihn hineinentspannen kannst. Nur in einem wirklich entspannten Körper wirst du dich wohlfühlen und ihn als dein Zuhause betrachten.

So geht's

Leg dich mit aufgestellten Füßen auf den Rücken. Deine Hände ruhen auf dem Unterbauch. Lass deinen Körper ganz in den Boden einsinken und erlaube ihm, mit dieser Meditation alle Anspannungen gehen zu lassen. Nimm wahr, wie deine Füße in den Boden einsinken. Die Beckenknochen rechts und links entspannen sich. Genauso deine Hüften, der mittlere Rücken, die Schulterblätter, die Ellenbogen und der Kopf. Spüre, wie diese zehn Punkte deines Körpers bewusst den Boden berühren. Sie lassen sich von der Unterlage, der Erde tragen. Verbinde dich über die Ausatmung mit diesen zehn Punkten bewusst mit der Erde, die dich hält. Nimm anschließend noch einmal die Ausrichtung deines gesamten Körpers wahr. Liegt er wirklich ganz bequem?

Wenn du das Gefühl hast, eine gute Lage gefunden zu haben, bring deine Aufmerksamkeit zu deinen Zehen. Versuche, deine Achtsamkeit in die Zehen beider Füße gleichzeitig zu lenken. Anfangs spürst du vielleicht nur einzelne Bereiche. Es kann aber auch passieren, dass du nichts spürst. Versuche, trotzdem mit deiner ganzen Aufmerksamkeit dort zu bleiben. Richte deine Aufmerksamkeit dann auf die Unterseite deiner Zehen. Danach geh weiter zur Oberseite und dann zu den Spitzen der Zehen. Kannst du die Spannung in den einzelnen Zehen wahrnehmen? Nimm die Anspannung mit der Einatmung wahr. Ausatmend lässt du sie in den Zehen weich werden und über den Boden abfließen.

Geh dann zu deinen Fußballen. Atme in sie hinein, und lass ausatmend die Anspannung dieses Bereichs in den Boden abfließen. Geh so nach und nach zum Fußbogen, zur Ferse, zum Fußrücken und lass ausatmend zu, dass alle Anspannungen in den Boden abfließen. Vielleicht kannst du wahrnehmen, dass der Fuß weiter wird, wenn du ihn entspannst. Möglicherweise kannst du auch spüren, dass sich die Oberschenkel, das Becken, der Brustraum oder andere Regionen des Körpers entspannen, wenn deine Füße entspannen.

Lenk deine Aufmerksamkeit dann zu den Fußgelenken. Danach zum Unterschenkel und den Knien. Atme von hier aus ein, und lass die Anspannung über die Unterschenkel und Füße in den Boden abfließen. Lass dann die Anspannung der Oberschenkel über die Beckenknochen in den Boden abfließen. Versuche, die Spannungen in den jeweiligen Bereichen so bewusst wie möglich zu fühlen. Vielleicht kannst du alte Narben spüren, möglicherweise nimmst du die Dichte der Spannungen in einzelnen Muskelbereichen wahr. Vielleicht kannst du auch Verklebungen der Faszien spüren. Nimm alles wahr, ohne es zu analysieren, nach einer Lösung zu suchen oder über eine Behandlungsweise nachzudenken. Einfach nur einatmend wahrnehmen. Ausatmend lass die Anspannung der einzelnen Bereiche dann in den Boden abfließen.

Als Nächstes geh weiter zum Becken. Nimm die Beckenknochen rechts und links wahr, wie sie den Boden berühren. Lass die Anspannung, die du hier spüren kannst, mit der Ausatmung los. Wandere mit deiner Aufmerksamkeit weiter zum Perineum, dem Bereich zwischen Genitalien und Anus. Nimm diese Region achtsam wahr und spüre auch hier, ob du Spannungen erfährst. Einatmend nimmst du diese Region wahr, ausatmend lässt du die Anspannung los. Möglichweise kannst du hier die Beckenbodenmuskulatur und ihre Anspannung bewusst spüren. Gehe dann mit deiner Aufmerksamkeit zu deinen Hüften. Möglicherweise kannst du hier die Anspannung der Muskulatur wahrnehmen, die bis in den Rücken geht. Lass dir deshalb für diesen Bereich etwas mehr Zeit. Atme ein und nimm die Spannung wahr. Ausatmend lässt du sie in den Boden abfließen. Öffne dich dann für die Empfindungen in deinem Beckengürtel und versuche, die einzelnen Knochen des Beckens bewusst zu erfahren. Beginne mit dem Schambein. Kannst du die Spannung einzelner Bereiche spüren? Wenn du nichts wahrnimmst, ist es gut. Wenn du Spannung erfährst, dann lass sie in den Boden schmelzen. Versuche, alle Anspannungen loszulassen.

Wandere danach mit deiner Aufmerksamkeit zum mittleren Rücken. Nimm hier den Kontakt mit der Erde wahr. Geh dann zu einem Punkt am untersten Punkt des Brustbeins, wo sich die beiden oberen Rippenbögen treffen, dort gibt es einen kleinen Knorpelbereich. Kannst du ihn wahrnehmen? Er ist maßgeblich für wichtige Körperprozesse zuständig und hält üblicherweise Spannung fest. Einatmend nimmst du die Spannungen in diesem Bereich wahr, und ausatmend lässt du alles durch den Brustraum und durch den mittleren Rücken hindurch in die Erde schmelzen. Erlaube dir, alle Anspannungen loszulassen. Stell dir vor, dass sie wie Schokolade in der Sonne schmelzen.

Geh dann weiter zu deinen Schulterblättern. Hier entstehen besonders in den seitlichen Bereichen häufig Spannungen. Lass dein ganzes Gewahrsein in diesem Bereich ruhen, und lass alle Anspannungen mit der Ausatmung abfließen. Das Gleiche machst du, wenn du zur Vorderseite deines Körpers gehst. Lass alle Spannungen weich werden, die sich im Brustraum, in der Mitte der Brust, festgesetzt haben. Alles wird weich. Mit jeder Ausatmung fließen Anspannungen ab. Lass dir Zeit.

Dann geh weiter zu den Ellenbogen, und entspanne von hier aus die Unterarme, die Finger, die Hände, die ganzen Arme. Wenn du visuell veranlagt bist, kannst du dir vorstellen, wie dunkle Anspannung über diese Punkte in den Boden abfließt und du mit der Einatmung Klarheit, Ruhe und Entspannung aufnimmst.

Wenn du das Gefühl hast, dass sich dein Körper entspannt hat, dann wende dich deinem Kopf zu, und nimm deine Stirn wahr, deine Augenbrauen, Augen, Wangen, Nase und Mund. Lass alle Anspannungen deines Kopfes über den Punkt des Kopfes abfließen, der auf dem Kissen oder der Unterlage aufliegt. Geh abschließend noch einmal durch deinen ganzen Körper, und lass alle restliche Anspannung vom Kopf abwärts durch die verschiedenen Punkte Hinterkopf, Ellenbogen, Körpermitte, Beckenknochen, Füße abfließen.

Wiederhole diese Meditation nach Möglichkeit häufiger. Dann wirst du mehr und mehr in deiner Mitte ankommen. So wirst du auch verstehen, dass wir nur hier und jetzt beginnen können. Da, wo wir sind: in unserem Körper.

REGELMÄSSIGKEIT ETABLIEREN

Die tägliche Wiederholung einer Übung ist der sicherste Weg, um in deinem Körper anzukommen. Regelmäßigkeit ist das Zauberwort aller spiritueller Traditionen. Was für die Atempraxis gilt, gilt auch für die Kultivierung des Körperbewusstseins. Kein Wunder, dass Retreats immer nach einem strikten Ablauf aufgebaut werden. Erst durch die Regelmäßigkeit entsteht tieferer Zugang zu unserem Atem und unserem Körper. Regelmäßigkeit führt auch dazu, dass wir eine Routine entwickeln. Diese hilft uns dabei, dass wir nicht mehr mit der Trägheit kämpfen müssen, ob wir üben sollen oder nicht. Wir üben einfach. Sie hilft uns auch dabei, dass wir nicht mehr darüber nachdenken brauchen, ob und wann wir unsere Übungen machen sollten. Wir tun es einfach. So werden die Übungen ein Teil unserer selbst. Sie entzünden das Licht, das wir später für uns selbst werden.

Solltest du trotz regelmäßiger Praxis nach einigen Tagen oder Wochen nur wenig Empfindungen in bestimmten Körperbereichen haben, kannst du dich trotzdem freuen: Dein Körper wird genau jetzt in diesem Moment zum Leben erweckt. Lässt du dich dann weiter auf die Empfindungen des Körpers ein, wirst du nach und nach überall Verspannungen erfahren. Manchmal kannst du dann sogar Anspannung in einzelnen Zellen wahrnehmen und lernen, diese aufzulösen. Es ist ein befreiender Prozess, wenn alles sich zeigen darf. Der Satz »Alles, was ist, darf sein« wird dann noch einmal eine viel tiefere Bedeutung für dich haben. Dann dürfen auch die Verspannungen da sein. Ja, du wirst sogar lernen, zunehmend die Fähigkeit zu erlangen, in die Spannungen hineinzugehen, ohne dich mit ihnen zu identifizieren oder dich von ihnen überwältigen zu lassen. So wie du dem Atem vertraust, wenn du dich ihm regelmäßig zuwendest, so wirst du auch beginnen, auf einer tieferen Ebene den Körperempfindungen zu vertrauen und sie loszulassen. Du kannst dann alles in die Erde abfließen lassen und dich dabei auf eine ganz neue Weise erfahren.

Je häufiger du übst, desto mehr wirst du den Reichtum an Wahrnehmungen im Körper erleben. Du wirst erfahren, dass selbst ein kleiner Zeh, ein Schulterblatt, ein Daumen oder ein Ohrläppchen ein ganzes Universum an Empfindungen für dich bereithalten kann. Sei deshalb bitte nicht enttäuscht, wenn du in einzelnen Regionen des Körpers zu Beginn nichts empfindest. Bleib einfach dran. Auch das darf sein.

Mit der Zeit wirst du ein Gespür dafür bekommen, wie flüchtig, zart und besonders jeder einzelne Moment sein kann. Dein Körper schenkt dir die Fähigkeit, diese Augenblicke unmittelbar zu erleben. Bist du vollkommen präsent, reihen sich die magischen Momente des Lebens wie Perlen auf einer Kette aneinander. Du erkennst, dass dein Körper ein großes Wunder ist. Aber dazu braucht es die Bereitschaft, deinen Körper vollkommen anzunehmen und zu lieben – und ihn mit Haut und Knochen unmittelbar zu erfahren. Solange das »Ich«, »Mein« und »Mir« noch im Vordergrund steht, steht es zwischen dir und der unmittelbaren Erfahrung. Dann bist du immer noch getrennt in Subjekt und Objekt. In einem solchen Augenblick ist da ein Subjekt, das »Ich«, das etwas anderes, ein Objekt, »den Körper« erkennt. Du bleibst in der Trennung. Öffnest du dich hingegen für eine unmittelbare, direkte Erfahrung von dem, was sich zeigt, wirst du den Schmerz, die Wut, die Angst, die Trauer genauso direkt erfahren wie Liebe, Verbundenheit, Mitgefühl und Frieden. Du bist die Erfahrung, ohne darüber nachzudenken.

Allerdings braucht es für diese Erfahrung den Mut, dass du dir selbst immer wieder begegnest. Nur du mit dir. Ohne

Smartphone. Solltest du dich mit der Stille oder dem Alleinsein schwertun, so kann es gut sein, dass irgendwann der Reflex auftaucht, dein Handy anzumachen, sobald Gefühle der Einsamkeit oder Traurigkeit auftauchen. Anstatt in dieses Reiz-Reaktions-Muster zu verfallen und Nachrichten zu schreiben oder im Internet zu surfen, geht es darum, dass du nach und nach lernst, die aufkommenden Gefühle da sein zu lassen, mit jeder Zelle deines Körpers zu fühlen und immer mehr ein Zuhause in ihm zu finden.

Impuls Nr. 22: Stabilisierung für stürmische Zeiten

Stress oder Krisen schreien geradewegs danach, ein körperliches und mentales Gleichgewicht zu finden. Erdung, Stabilisierung und Koordination sind hier hilfreich. Sie vermitteln dir ein bewusstes Körpergefühl und erden dich. Und sie unterstützen dich darin, dass du dich in den Wogen des Sturms nicht verlierst. Besonders Koordinationsübungen können dir dabei helfen, dein Gehirn zu trainieren und wach zu bleiben für Situationen, in denen es darum geht, körperliche Präsenz zu zeigen.

So geht's

Variation 1: Bring deine Daumen mit den jeweils kleinen Fingern der anderen Hand zusammen. Die Handflächen betrachten dabei einander. Geh dann mit dem rechten Daumen zum linken Ringfinger und mit dem linken Daumen zum rechten Ringfinger. Geh nun weiter mit dem rechten Daumen zum linken Mittelfinger und mit dem linken Daumen zum rechten Mittelfinger. Wenn der rechte Daumen am linken Zeigefinger ist und der linke Daumen am rechten Zeigefinger, geh den Weg genauso wieder zurück, bis die Daumen wieder jeweils bei den kleinen Fingern ankommen.

Variation 2: Mach mit beiden Händen ein Okay-Zeichen und danach ein Peace-Zeichen. Mach das so lange, bis du die beiden Zeichen locker und rasch wechseln kannst. Forme dann mit der einen Hand ein Peace-Zeichen und mit der anderen Hand ein Okay-Zeichen. Wechsle dann zwischen Peace- und Okay-Zeichen links und rechts hin und her.

Diese beiden Übungen helfen dir, deine Konzentration zu stärken und ganz im Körper zu sein.

Impuls Nr. 23: Schenk dir eine Umarmung

Viel zu selten schenken wir uns selbst die Aufmerksamkeit, die uns stärken würde. Besonders in stressigen Zeiten empfiehlt es sich, dass du dir selbst immer mal wieder eine Umarmung schenkst. Besonders dann, wenn niemand da ist, der dich in den Arm nehmen kann. Eine solche Umarmung hilft dir dabei, den Kontakt zu deinem Körper nicht zu verlieren. Das tut wir besonders gern, wenn wir vor lauter Arbeit nicht mehr wissen, wo uns der Kopf steht. Nehmen wir uns hingegen selbst in den Arm, signalisieren wir unserem Körper: Ich bin da! Ich werde dich nicht übergehen.

So geht's

Komm in den Fersensitz. Lass dich hier nieder. Nimm wahr, wie das Gesäß auf deinen Unterschenkeln ruht. Wenn du angekommen und gut in Kontakt mit deiner Atmung bist, dann umarme dich sanft auf Höhe deiner Schultern. Klopfe dir dabei abwechselnd mal mit der einen, mal mit der anderen Hand sanft auf die Schulter. Mit einer Einatmung öffnest du die Arme und wechselst die Seite. Mal ist der rechte Ellbogen oben, mal der linke.

Du kannst diese Bewegung auch mit einem Satz verbinden: »Ich bin jetzt für mich da.« Wenn du diese Übung intensivieren möchtest, kannst du dich sanft von Seite zu Seite wiegen.

Ja zu Gefühlen

Wenn wir einen Weg in die innere Freiheit finden möchten, dann müssen wir den Dingen ins Auge schauen, die uns in eine Krise getrieben haben. Solange wir die Ursachen nicht untersuchen, wird sich nichts ändern. Ähnlich verhält es sich mit der Angst. Wir werden sie erst dann überwinden, wenn wir ihr ins Gesicht schauen. Auch wenn es anfangs schmerzhaft ist, so verspricht dieser Ansatz die größte Chance auf ein glückliches Leben. Deshalb beginnen wir die »Alles, was ist, darf sein«-Praxis am besten gleich heute mit dem Aspekt unseres Lebens, der uns am meisten Probleme bereitet. Wir wenden uns ihm ohne Leistungsdruck zu und ohne die Vorstellung, dass wir diese Probleme von heute auf morgen beseitigen müssen. Wir müssen die Ursache nicht finden. Und wir brauchen auch nicht sofort eine Lösung finden. Stattdessen lassen wir das, was uns derzeit am meisten Stress bereitet, da sein. Wir nehmen bewusst wahr, was vor sich geht, während es passiert. Wenn wir dann unsere Reaktion auf das wahrnehmen, was passiert, und dabei ganz ehrlich sind, können wir etwas ändern. Aber dazu braucht es unsere Bereitschaft, dem, was ist, offen, achtsam, wertfrei ins Gesicht zu schauen.

Wir beginnen da, wo wir jetzt gerade sind. Wir fangen zum Beispiel damit an, achtsam wahrzunehmen, wie wir mit unseren Gefühlen umgehen. Häufig machen wir genau das Gegenteil: Anstatt sie da sein zu lassen, greifen wir reflexartig zu einer Ablenkung wie dem Smartphone. Das hindert uns daran, unsere Gefühle bewusst da sein zu lassen. Es kann im ersten Moment wehtun, wenn wir der Realität ins Auge schauen. Besonders dann, wenn es sich um Gefühle wie Einsamkeit, Traurigkeit, Wut, Schuld, Scham oder Angst handelt. Öffnen wir uns hingegen für solch schwierige Gefühle, können sie auch zu einem Tor zur eigenen Kreativität, Selbstliebe und Verbundenheit werden.

Wir fangen an, uns ein bisschen aus der Unbewusstheit zu befreien, vor uns selbst wegzulaufen. Stattdessen halten wir inne und wenden uns uns selbst zu, indem wir sagen: »Alles, was ist, darf sein.« Wir hören auf, unmittelbar mit Abwehr, Unterdrückung oder Verdrängung eines Gefühls oder eines Gedankens zu reagieren. Wir machen uns nicht länger zum Sklaven unseres Geistes. Stattdessen übernehmen wir selbst wieder die Herrschaft im eigenen Kopf. Wir lassen eine Lücke entstehen zwischen Reiz und Reaktion und unserer Tendenz, uns sofort von uns selbst abzulenken. Wir nehmen uns selbst und eine Körperreaktion auf diesen Impuls bewusst wahr und spüren den Boden unter den Füßen. Je länger diese Lücke zwischen Reiz und Reaktion wird, desto freier und selbstbestimmter werden wir.

Eine Lücke kann dann sehr gut entstehen, wenn wir unseren Atem im Umgang mit Gefühlen mit ins Boot holen. Er kann zu einem Anker werden, sobald der Geist sich in

Vergangenheit oder Zukunft verliert. Er kann uns auch dabei helfen, schwierige Gefühle da sein zu lassen und körperliche Herausforderungen zu überwinden. Und wenn wir ihn beherrschen, kann er auch unser Leben retten. Im ersten Kapitel hast du die wohltuende und beruhigende Wirkung des Atems bereits kennengelernt. Im Umgang mit unseren Gefühlen und Gedanken ist er wie ein Flutlicht und ein Laserlicht zugleich. Wenn wir ihn richtig nutzen, können wir alle Schwierigkeiten meistern.

VOLLKOMMENE ANNAHME

Alles verändert sich in dem Augenblick, in dem du dich selbst ohne Wenn und Aber annimmst. In dem Moment, in dem du endlich aufhörst, deine Gefühle zu unterdrücken, weil du andere nicht mit ihnen belästigen oder von ihnen eine Bestätigung willst, die du dir in Wahrheit nur selbst geben kannst. Durch dieses radikale Ja zu dir selbst wird dein Leben leichter. Dein Ja zu dir selbst ist ein umfassendes Bekennen zu deiner Einzigartigkeit. Es wird dir Mut machen. Es wird dich inspirieren, endlich all die Gefühle zu fühlen, die in dir sind. Die schwierigen, aber auch die erfüllenden. Je deutlicher das Ja, desto lebendiger wirst du dich fühlen.

Mit diesem Ja beweist du sehr viel Mut. Du machst dich auf eine Reise zu dir selbst und bist offen dafür, dass sich alles zeigen darf. Leichen im eigenen Keller gehören genauso dazu wie deine Begegnung mit traumatisierenden

Erfahrungen und schwierigen Gefühlen. Genauso aber mit Glück, Freude, Kraft, Liebe und Verbundenheit. Es ist so, als würdest du auf deinem Weg zwischendurch einmal ein Boot besteigen und einen Fluss entlangfahren, ohne zu wissen, welche Stromschnellen, Wasserfälle, traumhaften Buchten, malerischen Kaskaden oder leeren Flussbetten dich erwarten. Mit den Impulsen dieses Buches im Gepäck wirst du auch hier Leuchten am Wegesrand installieren, die dir helfen, besser zu erkennen, was dich erwartet.

Jeder von uns sollte sich früher oder später auf den Weg machen. Mutig, inspiriert und offen, weil wir wissen, dass es da etwas in uns gibt, was viel größer ist als all die Verletzungen: etwas, was unzerstörbar ist. Etwas Göttliches. Der Islamforscher Marian Brehmer erinnert in seinem Buch *Der Schatz unter den Ruinen* an den persischen Mystiker Rumi. Rumi nutzte dieses Bild gern als Metapher für den Schatz im menschlichen Herzen. Früher versteckte man tatsächlich Gold unter alten Ruinen, um es vor Dieben zu sichern. Diese gingen nicht davon aus, dass sich an solchen verlassenen Plätzen wertvolle Dinge finden lassen würden. Genauso ist es mit uns selbst. In unserem Herzen wohnt der größte Schatz: unsere Quelle, unsere Kreativität, unsere unendlich tiefe Liebe und Verbundenheit. Anstatt uns auf sie zu beziehen und aus ihr heraus zu leben, gehen wir wie die Bettler auf die Suche und hoffen, dass andere Menschen uns durch ihre Liebe bereichern. Wir glauben, dass wir selbst es nicht können.

Bringen wir den Mut auf, den Weg nach innen anzutreten, werden wir reich belohnt. Dann werden wir hinter all den Verletzungen, Schmerzen und Schrecken einen großen Schatz finden. Wie sich dieser zeigt, kann ganz unterschiedlich sein. Aber eines ist sicher: Er ist so groß und so wunderschön, wie wir es niemals für möglich gehalten hätten.

Eine solch mutige Reise zu uns selbst, bei der wir das Ziel im Vorfeld nicht kennen, entspricht nicht dem, was die meisten Menschen anstreben. In unserer Kultur geht es in erster Linie um Selbstoptimierung, Planbarkeit und Kontrolle. Akzeptanz und Offenheit für Unvorhersehbares ist für viele ein Fremdwort geworden. Wir haben verlernt, etwas einfach mal anzunehmen und als natürlich gegeben zu sehen. Wir suchen nach dem idealen Partner, der uns rund um die Uhr glücklich macht, dem Traumjob, der uns Millionen Euro und permanenten Erfolg inklusive Zufriedenheit bringen soll. Aber immer nur das perfekte Leben zu wollen ist wie ein Garant zum Unglücklichsein. Dadurch üben wir enormen Druck auf uns selbst aus und auch auf die Menschen, die unsere Erwartungen erfüllen sollen. Was entsteht, sind Gefühle des Mangels, der Unzufriedenheit und der Überforderung. Dabei kann es sehr entspannend sein, wenn wir den Dingen mal ihren Lauf lassen. Besonders diejenigen, auf die wir sowieso keinen Einfluss haben. So kann es auch auf der Reise nach innen entspannend sein, wenn wir nicht auf bestimmte Ziele oder Ergebnisse hoffen. Lassen wir das Ruder einfach mal los und sind offen für das, was sich zeigen möchte, können wir Vollkommenheit in unserer Unvollkommenheit entdecken und Frieden schließen mit uns und unseren überhöhten Erwartungen an uns selbst.

Impuls Nr. 24: Angst fühlen

Erlaube dir, die Kontrolle über deine Gefühle loszulassen. Trau dich, die Gefühle wahrzunehmen, die dann auftauchen werden. Auch solche, die dir fremd sind. Fühle, was gefühlt werden möchte. Allen voran wird sich möglicherweise die Angst melden. Die Begegnung mit der Angst spielt auf dieser Reise eine wichtige Rolle. Wenn du dich ihr bewusst zuwendest und sie transformierst, wird Mut entstehen. Und der kann zu einem wichtigen Licht auf deinem Weg werden. Deshalb halte inne! Anstatt weiterhin vor deiner Angst wegzulaufen, ist jetzt die Zeit gekommen, dich ihr zuzuwenden. Anstatt sie weiterhin loswerden zu wollen, lass sie da sein. Deine Angst will gesehen werden. Sie möchte dir etwas sagen. Sie will angenommen werden.

So geht's

Such dir ein Kissen oder einen anderen Gegenstand, der für dich die Angst symbolisiert. Nimm diesen Gegenstand zu dir, nimm ihn am besten in den Arm. Halte ihn zärtlich und voller Mitgefühl, so wie du ein schutzloses kleines Kind in den Armen halten würdest, das große Angst hat.

Was geschieht, wenn du dich der Angst zuwendest und sie liebevoll zu dir nimmst? Was passiert, wenn du ihr Raum und Zeit schenkst? Möglicherweise möchte sie dir etwas sagen. Es kann aber auch sein, dass es für den Anfang reicht, dass du sie einfach da sein lässt.

Wende dich ihr so häufig wie möglich zu. Und nimm sie ganz zu dir. Du wirst sehen, dass es ein Paradox ist: Je mehr du sie da sein lässt, desto weniger wird sie eine Bedrohung für dich darstellen.

WEISHEITSGESCHICHTE:

Der Mann und die Schlange

Ein Mann reiste nach Indien, um seine negativen Emotionen loszuwerden. Er kämpfte gegen Angst, gegen Gier, gegen Hass. Er kämpfte gegen Wut, Zorn und Ablehnung. Am dringlichsten aber war es ihm, seine Angst loszuwerden. Sein Guru sagte ihm immer wieder, er solle mit dem Kämpfen aufhören. Darauf hörte er aber nicht. Deshalb schickte ihn sein Lehrer in eine kleine Hütte im Wald. Der Mann schloss sich dort ein und wollte erst wieder herauskommen, wenn er seine Angst besiegt hatte. Er setzte sich zur Meditationspraxis hin, und als es dunkel wurde, entzündete er die erste von drei kleinen Kerzen, die er dabeihatte. Irgendwann spürte er, dass er nicht allein war. Er drehte sich um und erkannte, dass in der Ecke des Raumes eine riesige Königskobra lag. Sie kam auf ihn zu und wiegte sich gemächlich in seine Nähe. Er bekam es so sehr mit der Angst zu tun, dass er sich keinen Millimeter mehr bewegen konnte.

Als ihm kurz vor der Morgendämmerung die dritte kleine Kerze ausging, begann er zu weinen. Es waren aber keine Tränen der Verzweiflung oder der Angst, sondern er empfand plötzlich tiefe Zärtlichkeit für alle Menschen und Tiere. Er spürte ihre Entfremdung, ihre Sehnsucht und ihren Kampf. Ihm wurde bewusst, dass seine ganze bisherige Meditationspraxis durch seine inneren Kämpfe gegen die Angst nur dazu gedient hatte, sein Gefühl der Trennung zu verstärken. Aufrichtig und von ganzem Herzen nahm er seinen Zorn, seine Eifersucht, seine Widerstände und auch seine Angst an. Ihn erfüllte eine so tiefe Dankbarkeit, dass er im Dunkeln aufstand, zu der Schlange ging und sich vor ihr verneigte.

Dann legte er sich auf den Boden und schlief ein. Als er wieder aufwachte, war die Schlange weg. Und mit ihr war auch seine Angst verschwunden.

WIDERSTAND LOSLASSEN

Wir verursachen viel Leid dadurch, dass wir das Leben anders haben wollen, als es ist. Das hat zur Folge, dass wir unzufrieden sind und nicht wirklich im gegenwärtigen Moment leben. Wir verwenden so oft viel Zeit und Energie damit, etwas zu verdrängen oder abzulehnen, selbst dann, wenn wir es nicht mehr ändern können. Wir tun uns besonders schwer damit, schwierige Gefühle wie die Angst zuzulassen. Aber auch hier gilt: Alles, was ist, darf sein. Wir lassen den Widerstand los gegen das, was sich zeigt.

Impuls Nr. 25: Grenzen akzeptieren

Es kann aber sein, dass du auf deinem Weg nach innen in manche Gebiete kommst, die dir Angst machen. Vielleicht traust du dich nicht allein in einen Wald oder eine Höhle, die sich am Wegesrand zeigt. Auch das darf sein. Überfordere dich nicht! Alles, was ist, darf sein – das bedeutet auch, dass wir unsere Grenzen erkennen und annehmen. Du kannst nur Schritt für Schritt gehen. Und du kannst dir auch Zeit lassen. Freunde dich langsam mit deinen Gefühlen an. Der persische Dichter Rumi empfiehlt, die eigenen Gefühle bei sich willkommen zu heißen, als wäre man ein Gasthaus.

So geht's

Komm in eine aufrechte und bequeme Sitzhaltung. Wenn möglich, schließ deine Augen. Komm zuerst einmal an. Nimm deinen Körper wahr und auch deine Atmung. Wenn du das Gefühl hast, angekommen zu sein, dann stell dir vor, du bist ein Gasthaus. Ein offenes Gasthaus, das sich über jeden Besucher freut. Jedes Gefühl, das auftaucht, ist wie ein Gast, der vor deiner Haustür steht. Du stehst im Türrahmen, offen und neugierig, und betrachtest deinen unbekannten Besuch wertfrei.

Im nächsten Schritt begrüßt du deinen Gast. Du hast Verständnis für das Gefühl. Du tolerierst seine Gegenwart. Du atmest weiterhin entspannt und versuchst, dich in die Toleranz hineinzuentspannen. Der Gast ist König, heißt es so schön. Und so kannst du dich auch über diesen Gast freuen. Erlaube dem Gefühl, ganz da zu sein. Möglicherweise nimmt die Intensität zu und ab. Auch das darf sein. Du musst nichts erzwingen. Versuche, dich so gut wie möglich mit diesem Gefühl anzufreunden. Du kannst es bewusst begrüßen. Du kannst es einladen. Du darfst es benennen. Mach dir bewusst, dass dich dieses Gefühl auf etwas hinweisen möchte. So wie eine gute Freundin möchte es dir etwas zeigen. Und dafür bist du dankbar. Wenn das Gefühl anfängt, dich zu stressen oder zu überfordern, kannst du es höflich bitten zu gehen. Du kannst dich von ihm verabschieden. Wende dich dann am besten gleich etwas zu, was dich aufmuntert, dich nährt oder entspannt.

UNERSCHÜTTERLICH BLEIBEN

Das Geheimnis des Weges liegt daran, dass du dein Vorhaben, den Weg Schritt für Schritt zu gehen, nicht von deinen Stimmungen abhängig machst. Du hältst Balance – genießt den Sturm genauso wie den Sonnenschein, lässt deine schwierigen Gefühle genauso da sein wie die schönen. Du akzeptierst Traurigkeit und Angst genauso wie Freude und Zufriedenheit. Denn all das gehört zu deinem Weg. Es bedingt sich gegenseitig. Und macht den Weg abwechslungsreich und schön. Unerschütterlich zu bleiben hat viel mit Achtsamkeit zu tun: Du bleibst liebevoll und aufmerksam – egal, welche Gefühle dich wie aus dem Nichts anspringen und irritieren wollen.

Unerschütterlich zu bleiben bedeutet auch, dass du dir jeden Tag immer wieder Zeit für dich nimmst, um all die Übungen zu machen, die dich dir näherbringen. Sei es dir wert, dich immer wieder bewusst an einen Ort zurückzuziehen, an dem du ungestört bist. Lass dich nicht von deinen eigenen Gefühlen davon abhalten, dich dir selbst zuzuwenden. Versuche auch nicht, Gefühle weg- oder anders haben zu wollen. Bleib unerschütterlich bei dir. Sei neugierig. Sei offen. Übe so lange, bis es dir gelingt, dich nicht mehr vor dem zu verschließen, was sich zeigen will.

Tolerieren und Zulassen brauchen ebenfalls ihre Zeit. Achte darauf, dass du dich nicht überforderst. Alles darf sein, auch das braucht seine Zeit. Wenn uns diese Annahme möglich ist, wird es uns gelingen, uns mit dem anzufreunden, was ist. Dann erkennen wir, dass wir nicht mehr in die Trennung gehen müssen.

IM HIER UND JETZT ANKOMMEN

Wenn wir uns ganz auf die Übungen hier einlassen, von Konzepten und Vorstellungen loslassen und der inneren Wahrheit näherkommen, können neben der Angst auch andere Gefühle aufkommen, die wir lange unterdrückt hatten. Vor ihnen zurückzuschrecken ist eine vollkommen natürliche Reaktion. Entscheiden wir uns dann dafür, dass alles da sein darf, auch die Angst und das Unbekannte, und bleiben wir bei dieser inneren Erfahrung und laufen nicht weg, kann das sehr lebendig und sehr bereichernd werden. Gleichzeitig kann es eine sehr überwältigende Erfahrung sein, wenn wir die Grenze des Unbekannten erfahren und vollkommen ohne Bezugspunkt sind. In einem solchen Moment kann uns das Gefühl der Bodenlosigkeit überwältigen. Das passiert dann, wenn wir erfahren, dass uns der gegenwärtige Augenblick keinen Halt in Vergangenheit oder Zukunft bietet. Diese Erfahrung kann beängstigend, aber auch zärtlich oder erfüllend sein. Die Kunst besteht darin, sich vollkommen auf den gegenwärtigen Moment einzulassen und alles, was auftaucht, da sein zu lassen. Und dabei dem Reflex zu widerstehen, das, was sich zeigt, wegschieben oder anders haben zu wollen. Wir wünschen uns gute Gefühle wie Ruhe, Gleichmut, Selbstmitgefühl und Stille in der Meditation und wollen alles andere als die Erfahrung von Angst, Zorn, Wut oder Einsamkeit. Wir wollen uns gut fühlen. Dabei ist Meditation alles andere als ein Urlaub von uns selbst, unserer Angst und unserem Ärger.

Impuls Nr. 26: Inneren Halt finden

Der Atem schenkt dir im Umgang mit schwierigen Gefühlen, die plötzlich im gegenwärtigen Moment wie aus dem Hinterhalt auftauchen, viel Halt. Mach ihn deshalb immer wieder, am besten täglich zu deinem Freund und Diener. Das bewusste Wahrnehmen und Erspüren der verschiedenen Atemempfindungen in den unterschiedlichen Körperbereichen wie den Fußsohlen, dem Gesäß oder dem Bauchraum unterstützt dich darin, mehr Abstand zu überwältigenden Gefühlen zu finden.

So geht's

Konzentrier dich auf deine Fußsohlen, während schwierige Gefühle durch deinen Kopf und Körper schwirren. Atme langsam in deine Fußsohlen aus, egal, wie stark das Gefühl ist. Stell dir vor, dass lange Wurzeln über die Füße in den Boden wachsen und dich stabilisieren. Diese gezielte Erdung schenkt dir Balance. Darüber hinaus wird durch den langsamen Ausatem das parasympathische System aktiviert, das hilft, den Organismus zu entspannen. Je länger und sanfter die Ausatmung ist, desto mehr wirst du zur Ruhe kommen. Dann wird sich auch die Angst beruhigen. Sie wird sich entspannen, wenn sie merkt, dass sie da sein darf. Und dann wird sie dir auch zeigen, was sie dir gern zeigen möchte.

MUTIG WERDEN

Wir werden über uns selbst hinauswachsen, wenn wir Gefühle wie Angst, Wut und Zorn da sein lassen können, ohne uns von ihnen überwältigen zu lassen. Die Erfahrung, dass wir unsere Gefühle regulieren können, schenkt uns einen enormen Freiraum und eine große innere Weite. Durch die Akzeptanz innerer Erfahrungen entwickeln wir den Mut zu sterben. Ja, genau! Das mag im ersten Moment übertrieben klingen, aber es braucht sehr viel Mut, sich von alten Vorstellungen, Idealen und Ansichten zu lösen. Wir entwickeln den Mut, uns kontinuierlich mehr und mehr für uns selbst und alles, was wir sind, zu öffnen. Und wenn wir bei dem, was sich zeigt, nicht dem Impuls nachgeben, es zu verdrängen, können wir auch auf unser gebrochenes Herz treffen. Wenden wir uns ihm zu, kann tiefe Heilung entstehen. Sehr tiefe Heilung sogar.

Eine große Portion Neugierde kann hier sehr hilfreich sein. Sie macht es uns möglich, der ganzen Situation mit mehr Abstand zu begegnen. Denn wenn wir mit schwierigen Gefühlen konfrontiert werden, dann kann uns die Gesamtwirkung einer Emotion völlig aus der Bahn werfen. Besonders dann, wenn die körperlichen Begleiterscheinungen intensiv sind. Mit schwierigen Gefühlen besser umzugehen ist dann möglich, wenn wir uns diesen körperlichen Empfindungen offen und neugierig zuwenden und sie einmal auseinandernehmen.

Impuls Nr. 27: Sei mutig, offen und aufrichtig

Offen zu sein, aufrichtig, mutig und wahrhaftig, achtsam und wertfrei – klingt einfach, aber ist im Umgang mit schwierigen Gefühlen herausfordernder, als wir glauben. Aber es ist möglich! Trau dich, Stellung zu beziehen, wenn dich etwas ärgert – respektvoll und ehrlich. Aber ohne dich in alte Geschichten zu verwickeln, die gern an einem Gefühl hängen, aber mit der aktuellen Situation eigentlich gar nichts zu tun haben. Sei aufrichtig zu dir selbst – und zu anderen.

Veranschauliche dir frühere Erfahrungen, in denen du dich nicht getraut hast, zu deinen Gefühlen zu stehen. Untersuche diese Erlebnisse. Dann wird es dir zukünftig leichterfallen, Stellung zu beziehen.

So geht's

Diese Meditation hilft dir, zukünftig aufrichtig zu deinen Gefühlen zu stehen, ohne dich von ihnen überfluten zu lassen.

Komm für diese Meditation in eine aufrechte und bequeme Sitzhaltung. Erinnere dich an eine Situation, in der du mit schwierigen Gefühlen konfrontiert wurdest. Bitte achte darauf, dass diese Situation auf der Skala von 1 bis 10 ungefähr in der Mitte ist. Sie sollte dich nicht so sehr herausfordern, dass dich die dazugehörigen Gefühle gleich überwältigen.

Wende dich nun mit etwas Distanz dieser Situation zu und versuche, die körperlichen Begleiterscheinungen, die damit einhergehen, einzeln wahrzunehmen – zum Beispiel Rasen im Herzraum, schwitzige Hände oder Schweiß auf der Stirn, Engegefühle im Brustraum, Übelkeit und Schwindel, Druck im Magen, Hitzewellen, innere Unruhe oder nervöses inneres Zittern. Wende dich dann einer dieser Empfindungen zu, und untersuche sie neugierig. So, als würdest du etwas betrachten, was dir gefällt. Also ohne eine innere Ablehnung. Lass diese Empfindung da sein, und achte darauf, was geschieht, wenn sie da sein darf. Verändert sie sich? Wird sie weniger? Was passiert, wenn du sanft ausatmest oder die Ausatmung länger wird? Wenn du das Gefühl hast, dass die Körperempfindung zu stark wird, dann wende dich etwas zu, was dich nicht überwältigt. Überfordere dich mit dieser Übung nicht. Wiederhole sie lieber regelmäßig, und taste dich langsam an die schwierigen Gefühle heran.

EMOTIONEN VON DER GESCHICHTE TRENNEN

Es gehört zum Menschsein dazu, dass wir im Laufe unseres Lebens schwierige Situationen erfahren. Viele Menschen machen besonders im Verlaufe ihrer Kindheit und Pubertät sehr viele verletzende und schmerzhafte Erfahrungen, die einhergehen mit Gefühlen von Hilflosigkeit und Ohnmacht, Ausgrenzung und Zurückweisung, Demütigung und Abwertung. Diese Gefühle entstehen besonders dann, wenn wir uns nicht richtig gesehen fühlen oder nicht verstanden werden. Mit diesen Erfahrungen gehen sehr schmerzhafte emotionale Zustände wie Angst, Wut, Verzweiflung, Traurigkeit, Scham, Minderwertigkeit, Schmerz, innere Leere oder Einsamkeit einher.

In jungen Jahren haben wir häufig noch nicht den Zugang zu inneren Ressourcen oder äußeren Hilfestellungen, um mit einer solch schwierigen Situation umzugehen, in der wir uns bedroht fühlen. Wir sind nicht in der Lage, diese Emotionen auszuhalten. Um daran nicht zugrunde zu gehen, entwickelten wir unterschiedliche Strategien. Aber auch dann, wenn die Situationen längst vorüber sind, arbeiten viele dieser Mechanismen häufig noch als automatisierte und unbewusste Muster in uns weiter. Gelingt es uns, die Emotionen von einem sicheren inneren Ort als Beobachter achtsam wahrzunehmen und zu erfahren, werden wir erkennen, dass diese Emotionen häufig von Gedanken begleitet sind, die uns eine Geschichte zu den entsprechenden Gefühlen erzählen. Wenn es uns gelingt, die Gefühle von der Geschichte zu trennen, werden wir frei.

Impuls Nr. 28: Frei werden

Innehalten, atmen, innerlich zurücktreten, ruhig werden – Momente der Achtsamkeit haben viel mit Gelassenheit zu tun. Sie sind der Beginn der inneren Freiheit. Es ist ein Zustand, in dem nichts dich aus der Ruhe bringen kann, während du Schritt für Schritt auf deinem Weg weitergehst. Dabei ist dein Geist klar und ruhig. So wie ein Waldsee an einem windstillen Sommertag, wenn seine Oberfläche nicht durch eine Welle gekräuselt wird. Er liegt einfach glatt da, spiegelt den Adler wider, der frei am Himmel schwebt. Auch das darf sein: innere Freiheit!

So geht's

Komm in eine aufrechte Sitzhaltung. Entspann dich und lass dir Zeit, hier anzukommen. Konzentriere dich zuerst auf deine Atmung. Versuche, dich selbst, deine Körperempfindungen, deine Gefühle und deine Gedanken mit etwas Abstand wahrzunehmen. So, als wärst du eine gute Freundin, die dir zuschaut.

Erinnere dich dann an eine Situation, die dich verletzt hat. Nimm dir auch hier eine, die gut zu bewältigen ist und dich nicht gleich mit schwierigsten Gefühlen überflutet. Nimm dann die Körperempfindungen wahr und untersuche sie. Achte dann auf deine Gedanken. Sobald du wahrnimmst, dass du anfängst, dich in eine Geschichte zu verwickeln, die zu diesen Gefühlen gehört, sage: »Stopp!« Kehre dann zu dem Gefühl zurück. Untersuche es und nimm wahr, wie es sich im Körper ausdrückt. Sobald du bemerkst, dass du dich wieder in der Geschichte verlierst, die zu dem Gefühl gehört, sage: »Stopp!« Fahre auf diese Weise fort. So lernst du, dass du deine Vergangenheit als Teil deiner persönlichen Geschichte betrachten kannst, ohne dich in den Gefühlen, die damals so schmerzvoll waren, zu verlieren.

WEISHEITSGESCHICHTE:
Traut euch!

Manchmal müssen wir auch erkennen, dass Gefühle so schwierig sind, dass wir sie allein nicht bewältigen können. Patrick war neunundzwanzig Jahre alt, als er sich vor einen ICE warf. Jahrelang hatte er gegen Panikattacken und Ängste gekämpft. Bereits als Kind hatte er darunter gelitten, dachte aber, dass es mit seiner Angst vor den Lehrern zu tun hätte. Er freute sich darauf, nach der Schule frei zu sein und ein buntes Leben führen zu können. Dabei wurde alles nur noch grauer. Immer häufiger überfielen ihn bereits in den einfachsten Situationen Panikattacken: etwa, wenn er sich mit Freunden im Kino traf oder er jemandem auf der Straße begegnete und angesprochen wurde. Die Angst kam jedes Mal wie aus dem »Off« und nahm auf nichts Bestimmtes Bezug. Patrick wollte in solchen Situationen immer nur weg.

Trotzdem suchte er weiterhin die Nähe seiner Clique, trieb Sport, ernährte sich gesund und versuchte, am sozialen Leben teilzunehmen. Doch egal, was der junge Mann tat: Seine Ängste wurden nur noch schlimmer und trieben ihn immer mehr in die Einsamkeit. Die Ärzte, die er in seiner Not aufsuchte, verstanden ihn nicht. Sie rieten ihm, ein Bier trinken zu gehen und sich zu entspannen. All diese Ratschläge frustrierten ihn noch mehr.

Irgendwann sah er nur noch einen Ausweg: Er wollte seinem Leben ein Ende setzen. Als er nach dem Sprung vor den ICE im Krankenhaus aufwachte, war er enttäuscht. Er war traurig, dass er noch lebte. Und nicht nur das: Alles war noch schlimmer als vorher, denn er hatte seine Beine verloren und musste fortan ein Leben im Rollstuhl führen.

Während seiner Zeit in Reha versuchte er, sich auf sein neues Leben einzulassen. Er lernte die Achtsamkeit kennen, besprach vieles mit seiner Psychotherapeutin und erkannte die Wurzeln seiner Ängste. Die lagen tief in seiner Kindheit. Er litt unter einem geringen Selbstwertgefühl, was sich seit seinen Kindertagen tief in ihm vergraben hatte. Diese Erkenntnisse waren zwar wichtig für ihn, aber sie führten ihn nicht zu innerem Frieden.
Als weitere Suizidgedanken aufkamen, wandte er sich an seine Hausärztin. Sie drängte darauf, dass Patrick ein Psychopharmakon nehmen sollte, weil sie seine Angstzustände nur als ein sekundäres Symptom betrachtete. Zuerst war er skeptisch, aber nach einigen Wochen wachte er endlich eines Morgens ohne die übliche Anspannung im Körper auf. Stattdessen freute er sich auf seinen Tee. Zum ersten Mal in seinem Leben freute er sich auf den Tag.
Mittlerweile nimmt Patrick dieses Medikament seit zehn Jahren. Die Angstattacken haben stark abgenommen, und gerade ist er im Begriff, das Medikament mithilfe der Ärztin abzusetzen. Er führt ein normales Leben, in dem er über längere Zeit Glück und Zufriedenheit erfahren kann. Für jeden solcher Momente ist er überaus dankbar. Er hat eine Selbsthilfegruppe für Menschen gegründet, die ähnliche Situationen erfahren haben, und ruft allen Menschen zu: Traut euch, über eure Gefühle, eure Ängste und eure Situation zu sprechen. Niemand ist allein. Es gibt viele Menschen auf dieser Welt, die gerade jetzt eine ähnliche Erfahrung machen – auch die, dass sie nach einem misslungenen Suizid das Leben schätzen und lieben lernen.

SELBSTMITGEFÜHL DARF SEIN

Gestehen wir uns ein, dass wir allein nicht durch eine Krise kommen, ist dies ein wichtiger Schritt auf dem Weg zur Selbstheilung. Es zeigt, dass wir anfangen, Selbstmitgefühl zu entwickeln. Selbstmitgefühl ist für mich mittlerweile einer der wichtigsten Schritte auf dem spirituellen Weg. Wenn wir unser Selbstmitgefühl entdecken und ausbauen, heißt das, dass wir anfangen, uns selbst anzunehmen. So wie wir sind. Mit allem Wenn und Aber. So, wie wir unsere beste Freundin annehmen, wenn sie gerade eine tiefe Krise durchmacht und ungeschminkt und verheult vor uns sitzt. Wir empfinden tiefes Mitgefühl und viel Liebe für sie. Wenn es uns gelingt, dass auch wir vor uns selbst so sein dürfen, mit Fehlern und Fehltritten, dann ist dies eine wunderbare Entwicklung.

Selbstmitgefühl baut auf drei Säulen auf: Selbstfreundlichkeit. Gemeinsames Menschsein. Achtsamkeit. Sie können dich darin unterstützen, deinen inneren Kritiker in deine beste Freundin zu wandeln.

Impuls Nr. 29: Freundlich sein

Um dir selbst mit der gleichen Wertschätzung, Geduld und Achtsamkeit zu begegnen, wie du es deinen besten Freunden gegenüber tust, braucht es die bereits genannten drei Kernelemente: Selbstfreundlichkeit, gemeinsames

Menschsein und Achtsamkeit. Wenn du dir selbst in einer schwierigen Situation mit Freundlichkeit, Offenheit und Wohlwollen begegnest, anstatt dich selbst fertigzumachen, dann ist das ein radikaler Akt der Selbstfreundlichkeit.

So geht's

Selbstfreundlichkeit meint, dass du gedanklich liebevoll einen Arm um dich legst und du für dich selbst da bist. Du schenkst dir selbst die gleiche Empathie und Liebe, die du einem Menschen in einer Krise schenkst, der dir am Herzen liegt. Du hast Verständnis für sein Versagen, seine Ängste, seine Nöte und Sorgen. Du kritisierst ihn nicht, sondern schenkst ihm deine Zeit und dein Verständnis. Du sprichst ihm Mut zu, anstatt ihn in Grund und Boden zu blamieren.

Genauso gehst du mit dir selbst um, wenn du dir mit Freundlichkeit begegnest. Du siehst die eigenen Bemühungen und erkennst sie an. Du wertschätzt deine Versuche, das Leben zu meistern, und reichst dir die Hand, wenn es darum geht, wieder aufzustehen. Du unterstützt dich selbst mit den gleichen Worten, mit denen du deine beste Freundin stärkst. Du stärkst dir selbst den Rücken und sorgst dafür, dass du aufrecht durchs Leben gehst.

Nimm dir über den Tag verteilt immer wieder ein paar Minuten Zeit, um die Selbstfreundlichkeit zu praktizieren. Dadurch wirst du sie eher verinnerlichen. Achte darauf, wie du dich selbst stärken kannst.

Impuls Nr. 30: Gemeinsames Menschsein erleben

Kein Mensch ist vollkommen. Jeder macht Fehler. Jeder kann in Krisen geraten. Alle Menschen machen schwierige Lebensphasen durch und das, obwohl wir alle darauf verzichten könnten. Doch schmerzhafte, leidvolle Erfahrungen gehören zum Leben. Egal, wie sehr du dich bemühst, davon verschont zu bleiben. Auch du musst deine Lektionen lernen. Du wirst genauso wie alle anderen Menschen im Verlauf deines Lebens immer wieder mit Krankheit, Verlust und Tod konfrontiert. Sie sind Teil der menschlichen Erfahrung. Das wusste bereits Buddha.

Auch wenn die Gewänder unterschiedlich sind, in denen sich diese Herausforderungen zeigen, so wirst du wie alle anderen Menschen diese Erfahrungen machen. Wenn du eine Krise hast, glaubst du möglicherweise, dass du der einzige Mensch bist, dem es so geht. Aber wenn du dich einmal genau umhörst, erkennst du, dass du nicht allein bist. Deshalb zählt das gemeinsame Menschsein ebenfalls zu den wichtigen Kernelementen des Selbstmitgefühls.

So geht's

Das Wissen darum, dass auch andere Menschen leidvolle Erfahrungen machen, kann in einsamen, schmerzlichen Momenten unterstützend sein. Mach dir bewusst, dass jetzt gerade in diesem Moment Millionen von Menschen auf der ganzen Welt ähnliche oder gleiche Erfahrungen von Verlust, Schmerz, Trauer, Liebe, Wut, Einsamkeit, Verbundenheit oder Lust machen wie du. Du weißt, du bist nicht allein. Du erfährst ein Gefühl von Verbundenheit. Die Umstände, mit denen jeder Einzelne zu kämpfen hat, können sich voneinander unterscheiden, aber die Essenz der Erfahrung ist eine ähnliche. Der Schmerz, den jeder Einzelne dabei empfindet, hat verschiedene Ausprägungen, die grundlegende Erfahrung von Leid, Verlust oder Tod aber macht vor keiner Tür halt.

Wie fühlt es sich an, wenn du dir bewusst machst, dass so viele andere Menschen gerade genau wie du fühlen? Wo im Körper nimmst du diese Empfindung wahr? Wie stärkt sie dich, wenn sie dich stärkt?

SCHATZKISTE ACHTSAMKEIT

Achtsamkeit ist in der Mitte der Gesellschaft angekommen. Trotzdem wird sie hier und da falsch verstanden und zur Selbstoptimierung missbraucht. Achtsamkeit meint nicht, dass wir noch besser, noch effektiver werden, um noch mehr leisten zu können. Sie möchte, dass wir mit allen Sinnen ganz bei der Erfahrung sind, die wir gerade machen. Damit gemeint ist, dass wir uns nicht dafür schämen, was auftaucht, und auch nichts anderes haben möchten. Wir sagen radikal Ja zu dem, was sich zeigt. Wir sind von Moment zu Moment mit dem, was auftaucht. Wir begegnen den Menschen, den Herausforderungen und den leidvollen Erfahrungen, aber auch den schönen Überraschungen und Wundern des Lebens mit einem offenen Geist und einem weiten Herzen.

Wenn wir akzeptieren, dass wir gerade eine schmerzliche Erfahrung machen, und Ja dazu sagen, können wir den Gefühlen, die damit einhergehen, mit Offenheit, Freundlichkeit und Akzeptanz begegnen. Die schmerzvollen Erfahrungen sind an und für sich schon schlimm genug. Was den Prozess hingegen so problematisch und häufig langwierig macht, ist der Schmerz, den wir uns selbst durch die Art und Weise hinzufügen, wie wir uns verurteilen für das, was uns widerfährt. Gehen wir hingegen offen und mitfühlend mit uns um, werden wir der Situation offen und wahrhaftig begegnen können. Selbst dann, wenn es unangenehm und schmerzvoll ist. Achtsam zu sein bedeutet, »Stopp!« zu sagen, sobald wir bemerken, dass wir uns selbst mit Schuld- und Schamgefühlen bombardieren.

Impuls Nr. 31: Keine Ursache. Keine Lösung. Nur das Jetzt

Das Besondere an der Achtsamkeitspraxis ist, dass wir uns vollkommen auf den gegenwärtigen Moment konzentrieren. Wir gehen nicht in die Vergangenheit, um eine Ursache eines Problems oder Gefühls zu suchen. Wir suchen auch nicht nach einer Lösung für eine Empfindung oder einen Konflikt.

So geht's

Wenn du mit einem Problem zu kämpfen hast, unter Schmerzen leidest oder inmitten einer Krise bist, dann schenk der Empfindung, die damit einhergeht, Raum. Lass alles einfach da sein, ohne nach einer Lösung zu suchen. Es ist auch egal, wer dazu beigetragen hat, dass du dich jetzt schlecht fühlst, leidest oder nicht in deiner Mitte bist. Du nimmst einfach nur wahr, wie sich dein Körper gerade anfühlt, deine Atmung, dein Geist. Und all das, was du wahrnimmst, lässt du da sein und benennst es. Von Moment zu Moment.

Impuls Nr. 32: Selbstoptimierung loslassen

Achtsam zu sein bedeutet, ganz im gegenwärtigen Moment zu sein. Mit allen Sinnen. Ohne Wertung, ohne Vergleich. Offen. Neugierig. Achtsam zu sein bedeutet auch zu bemerken, wann du unachtsam bist. Und dieses Bemerken geht dann mit einem Akt der Selbstfreundlichkeit einher. Bei der Achtsamkeit geht es um Wahrnehmen, nicht aber um Selbstoptimierung.

So geht's

Überprüfe einmal, ob du dich selbst auch dann noch liebst, wenn du merkst, dass du immer noch unachtsam bist, obwohl du schon einen Achtsamkeitskurs gemacht hast. Schau einmal mit Mitgefühl auf dich, ob du dich auch in Situationen akzeptierst, in denen du bemerkst, dass du drei Dinge gleichzeitig machst, obwohl du dir diese Eigenschaft schon vor Monaten abgewöhnen wolltest. Nimmst du dich auch dann an, wenn du deinen Vorsatz, täglich zu meditieren, nicht durchhältst und es stattdessen nur zwei- oder dreimal pro Woche schaffst?

Es entsteht reine Magie, wenn du beginnst, dich auch dann zu lieben, wenn du deine guten Vorsätze nur zu 51 Prozent erfüllst. Die Energien, die es freisetzt, wenn du Ja zu deiner Unvollkommenheit sagst, sind umfassend und wunderschön. Kein Arzt, kein Medikament kann das bewirken.

Wenn du also bemerkst, dass du dich wieder einmal anklagst, weil du deine Vorsätze nicht zu 100 Prozent umgesetzt hast, tritt innerlich einen Schritt zurück. Verstrick dich nicht länger in der Reaktion der Ablehnung. Lass dich auch nicht von ihr wegspülen. Sei liebevoll zu dir selbst, nimm dich an mit allem, was auftaucht. Erkenne dein Leid an, ohne dich als Opfer zu fühlen. Verweile in der liebevollen, verbundenen Präsenz des Selbstmitgefühls mit dir selbst. Sage dir: »Gut ist gut genug!« Mach diesen Satz zu deinem neuen Mantra.

SELBSTMITGEFÜHL OHNE SCHULD UND SCHAM

Nichts, was wir irgendwann in unserem Leben getan haben, war umsonst, falsch oder nutzlos. Es hat uns geformt, hat uns reif werden lassen. Alles, was wir erlebt haben, hat uns zu dem gemacht, was wir heute sind. Alles hat uns geprägt und dafür gesorgt, dass wir Kenntnisse erworben haben. Erfahrungen sind wie ein Schatz. Sie sind ein großer Fundus, aus dem wir schöpfen können. Nichts war vergeblich. Auch falsche Entscheidungen haben uns reifen lassen. Auch Fehltritte haben uns auf unserem Weg vorangebracht. Wenn wir uns eingestehen, dass das Leben dazu da ist, Fehler machen zu dürfen, brauchen wir uns nicht länger für irgendetwas zu schämen. Wenn es uns gelingt, das Leben als eine Schule zu betrachten, werden wir verstehen, dass jede Erfahrung, sei sie noch so klein und scheinbar nichtig, kostbar ist.

Impuls Nr. 33: Verzeihe dir und anderen

Wenn du dir bewusst wirst, dass jede Erfahrung wichtig ist, brauchst du dich nicht länger zu schämen für etwas, was du gesagt oder getan hast. Stattdessen kannst du mit Selbstmitgefühl auf dein Leben schauen und auf die Herausforderungen, die du zu bewältigen hast. Dann wirst du erkennen, dass es der innere Kritiker ist, der versucht, dich persönlich verantwortlich zu machen für Misserfolge, Verluste oder Krankheiten. Er wird nicht müde, dir zu vermitteln, dass du schuld bist an dem, was dir in deinem Leben passiert. Betrachtest du deine Lebensumstände hingegen mitfühlend und mit Abstand, wirst du erkennen, dass du weder für einen Umstand noch für dein Sein Schuld fühlen musst. Schämen musst du dich schon gar nicht. Mit der folgenden Übung kannst du diesen Aspekt des Selbstmitgefühls kultivieren.

So geht's

Komm in eine aufrechte und bequeme Sitzhaltung. Wenn möglich, schließ deine Augen. Atme einige Male ein und aus, um im gegenwärtigen Moment anzukommen. Nimm dann deinen Körper wahr. Bei den Meditationen des Selbstmitgefühls ist es hilfreich, eine Hand auf den Herzraum zu legen. Auf diese Weise kannst du unmittelbarer mit dir selbst in Kontakt kommen. Diese liebevolle Berührung macht es dir auch möglich, dir selbst achtsam zu begegnen, wenn du dich jetzt für eine Situation öffnest, in der du dich geschämt oder schuldig gefühlt hast. Sollte eine solche Erfahrung auftauchen, versuche, sie mit Abstand, offen und wohlwollend zu betrachten. Tritt dafür innerlich einen Schritt zurück. Das macht es leichter, sich nicht in den Gefühlen zu verlieren.

Mit der Einatmung kannst du dich bewusst für alle Gefühle öffnen, die sich zeigen wollen. Lass alles da sein, was da sein möchte. Aber achte darauf, dich nicht in der Geschichte zu verfangen. Wenn du ausatmest, kannst du Schuld und Scham ganz bewusst loslassen.

Sage dir, dass du in der Situation nicht anders reagieren konntest, als du es getan hast. Vielleicht hat dir der Weitblick, die Bewusstheit, der Mut oder die Offenheit gefehlt, anders zu handeln. Es ist zutiefst menschlich, dass wir gern anders handeln würden, es aber nicht können. Oder aber wir glauben, dass wir richtig handeln, und erkennen erst viel später, dass wir Fehler gemacht haben. Fahre ein paar Minuten fort, indem du dich einatmend für alles, was auftaucht. öffnest. Ausatmend lässt du los, was dir Gefühle von Schuld und Scham vermitteln möchte. Nimm dabei den sanften Rhythmus deiner Atmung wahr, der dich durch diese Übung trägt.

Möglicherweise kann es dich unterstützen, einen Satz zu formulieren wie: »Ich habe in der Situation nicht anders handeln können.« Oder: »Ich habe mich nicht getraut, zu mir zu stehen.« Wiederhole diesen Satz innerlich einige Male. Vielleicht reicht auch ein Wort wie »Verzeihung«. Erlaube diesem Satz oder Wort in jeder Zelle deines Körpers anzukommen und dort zu schwingen. Mach dir bewusst, dass es möglicherweise nicht mit einem Mal geht, Schuld und Scham loszulassen. Wiederhole die Sätze so oft, wie es jetzt in diesem Moment passt. Beende die Übung dann auf deine Weise. Vielleicht mit einer inneren Verbeugung.

Selbstmitgefühl kann der Schlüssel zu einer alles umfassenden Selbstliebe werden. In dem Augenblick, in dem wir uns selbst auf achtsame, offene und liebevolle Weise zuwenden, fühlen wir uns sicher, stark und geliebt. Dann erkennen wir: Wir sind vollkommen, so wie wir sind. Unser Dasein ist eine Gnade. Es ist ein Wunder. Es ist ein Geschenk des Himmels an uns. Wir erkennen: Wir sind genau richtig, so wie wir sind.

Impuls Nr. 34: Liebe dich selbst

Je häufiger du Selbstmitgefühl praktizierst, desto tiefer wird deine Erfahrung sein, dass hinter all deinen Ängsten, deiner Traurigkeit, deinen Schuld- und Schamgefühlen nichts anderes übrig bleibt als die Liebe. Trittst du aus deiner Geschichte heraus und löst du dich aus allen Vorstellungen, Konditionierungen und Erwartungen, die daran gebunden sind, wirst du zu dem, was du in deinem innersten Wesen bist: reine Liebe. Bedingungslose Liebe. Und wenn du beginnst, auch andere Menschen mit den Augen der Liebe zu betrachten, ist alles, ist jeder Mensch ein Geschenk. Ein Wunder.

So geht's

Erlaube dir, dich selbst zu lieben, wie du bist. Mit dem Wissen: Gut ist gut genug! Stell dir vor, du bist eine wunderschöne Figur der Göttin Tara oder Buddha Avalokiteshvara, dem Buddha des universellen Mitgefühls, angefüllt mit bedingungsloser Liebe für alle Wesen. Du kannst deine Liebe verströmen. Du fließt über von dieser unerschöpflichen Liebe, die aus deiner innersten Quelle strömt Es gibt keinen Anfang. Kein Ende. Nur die bedingungslose Liebe.

WEISHEITSGESCHICHTE:
Das Herz führt

Maria war eine erfolgreiche Geschäftsfrau. Alle zwei Jahre gönnte sie sich eine Ayurvedakur. Als sie wieder einmal auf Sri Lanka war, wachte sie morgens auf und hatte rasende Herzschmerzen. Sie hatte das Gefühl, einen Herzinfarkt zu bekommen. Sie ging zu ihrem Arzt und bat ihn, sie sofort in das nächste Krankenhaus zu fahren. Das tat er. Als die beiden zurückkamen, hatte der Tsunami die ganze Anlage weggespült. Das alles passierte im Jahr 2004, als Hunderttausende durch die Flutwelle ums Leben kamen. So, wie viele Tiere von ihrer Intuition gerettet wurden, so hatte etwas in Maria geahnt, dass sich etwas Schlimmes ereignen würde. Diese Erfahrung war zutiefst transformierend für sie. Als sie nach Deutschland zurückkehrte, verkaufte Maria ihr erfolgreiches Unternehmen. Sie begann, mehr auf ihr Herz zu hören und aus dem Herzen heraus zu leben.

Impuls Nr. 35: Das Herz spüren

Es gelingt uns nicht immer, die ganze Zeit mit unserem Herzen in Kontakt zu sein und uns von ihm leiten zu lassen. Wir können die Verbindung aber immer wieder neu aufnehmen. Den Herzmuskel zu stärken erfordert genauso viel Übung wie das Stärken des Mitgefühlsmuskels. Wenn du dir jeden Tag Zeit dafür nimmst, wirst du so wie Maria nach und nach mehr aus ihm heraus leben.

So geht's

Nimm dir jeden Tag ein paar Minuten Zeit, um dich ganz bewusst mit deinem Herzen zu verbinden. Leg dazu eine oder beide Hände auf deinen Herzraum, und atme in diesen Bereich hinein. Bau auf diese Weise langsam die Verbindung auf. Einatmend lenkst du ganz bewusst die Atmung in den Herzraum. Ausatmend stellst du dir vor, dass sich dein Herzraum weitet. Nimm dein Herz dabei bewusster wahr. Achte darauf, dass du deinen Herzraum mit deiner Hand oder deinen Händen fühlst. Mit jeder Faser deines Körpers nimmst du dein Herz wahr, und alles, was sich aus deinem Herzen heraus zeigen möchte, darf sein.

DER INTUITION FOLGEN

Maria überlebte den Tsunami, weil ihre Intuition sie unmissverständlich warnte, dass etwas Schlimmes drohe – auch wenn sie es nicht auf den Tsunami bezogen hatte. Wir alle haben diese Stimme in uns. Sie entspringt der inneren Quelle unermesslicher Weisheit. Wann immer wir einen Rat benötigen, auf der Suche nach einer Lösung sind oder Antworten auf wichtige Fragen benötigen, können wir diese Quelle anzapfen. Aber leider tun wir dies viel zu selten. Wir haben verlernt, auf die innere Stimme, unsere Intuition, zu hören. Beginnen wir jedoch, uns wieder für sie zu öffnen, werden wir ihre Nachrichten mit der Zeit immer müheloser entschlüsseln. Manchmal spricht sie zu uns in Form von diffusen Ahnungen. Manchmal aber zeigt sie uns klare Botschaften in Träumen oder ein deutliches Bauchgefühl. Es kann aber auch sein, dass sie sich in Form einer magischen Eingebung meldet, einer Idee, die wie aus dem Nichts kommt. Die Intuition zeigt uns Wege auf, die – wenn wir bereit sind, sie zu gehen – alles transformieren können. Lassen wir uns von ihr führen, wird sie zu einem strahlenden Licht auf unserem Weg. Wir wissen: Hier sind wir richtig.

Die Intuition weiß viel mehr als unser Verstand. Studien belegen, dass unsere rationalen Entscheidungen begrenzter sind, als uns lieb ist. Die Überbewertung analytischer Fakten hat in unserer Gesellschaft dazu geführt, dass wir uns immer mehr abgeschnitten haben von unserer Intuition. Heute weiß man, dass zu langes Nachdenken der Gesundheit schaden kann. Und im Gegenzug können uns spontane Entscheidungen reich machen. Es ist belegt: Wer seinem Bauchgefühl glaubt, lebt glücklicher und ist entspannter.

Impuls Nr. 36: Dem Bauchgefühl folgen

Öffne dich für die intuitiven Impulse, die aus deiner eigenen Quelle stammen. Impulse, die dich dazu bewegen, Expeditionen ins Unbekannte zu wagen und andere Bewusstseinsebenen zu erreichen. Deine Intuition kennt stets den richtigen Weg. Den Weg, der einzig und allein für dich bestimmt ist. Niemand kann ihm folgen außer dir. Folge deiner Intuition, und überschreite die Grenzen deiner Komfortzone. Entwickle Achtsamkeit für diese magische Kraft, die dein tägliches Leben mehr steuert, als dir bislang bewusst war.

So geht's

Such dir einen Ort, an dem du ein paar Minuten ungestört bist. Wenn du ihn gefunden hast, komm in eine aufrechte und bequeme Sitzhaltung. Einfach entspannt dasitzen und die Augen schließen. Sei offen für das, was geschieht. Lass alles da sein, was sich zeigen möchte. Stell dir vor, dass du in einem Raum sitzt. Du schaust auf eine Tür. Irgendwann geht sie auf, und dein persönlicher Berater tritt ein. Wie sieht er aus? Sieht er aus wie ein Magier? Oder eher wie ein smarter Coach? Gleicht er einer weisen Frau, die du aus deinem persönlichen Leben kennst, oder ist es eher jemand, den du mal in einem Film bewundert hast? Sobald der innere Berater vor dir steht, kannst du ein Zwiegespräch mit ihm beginnen. Begrüße ihn und bitte ihn um Unterstützung bei der Entwicklung deiner intuitiven Fähigkeiten. Atme dazu bewusst einige Mal sanft in deinen Unterbauch ein und aus. Hier ist der Sitz der Intuition. Achte zukünftig mehr auf deine Empfindungen, die sich dir zeigen, wenn du auf der Suche nach einer Antwort bist oder eine Entscheidung treffen möchtest.

Wenn du dich mit deinem inneren Berater vertraut gemacht hast, kannst du zukünftig immer schneller mit ihm in Kontakt treten und ihn um Rat fragen. Lass dich von ihm überraschen. Solch innere Dialoge können sich als äußerst kreativ und hilfreich für dein Leben erweisen. Verabschiede dich nach jedem Gespräch von deinem Berater, indem du dich vor ihm verneigst und ihm für seinen Rat dankst.

DAS GESCHENK INTUITION NUTZEN

Albert Einstein, einer der größten Denker des letzten Jahrhunderts, beschrieb die Intuition als ein göttliches Geschenk. Für ihn war der Verstand ein treuer Diener. Er wunderte sich darüber, dass die Menschen angefangen haben, den Diener zu verehren, aber das göttliche Geschenk entweihen. Wie Einstein, so glaube auch ich an die Kraft der Intuition. Sie lenkt uns. Auch wenn wir manchmal nicht wirklich erklären können, warum wir plötzlich Haus und Hof verlassen oder ein Studium beginnen, das alle als eine brotlose Kunst abstempeln: Unsere Intuition kennt den Weg. Sie ist die hellste Lampe am Wegesrand.

Es ist sehr wertvoll, Intuition und gesunden Menschenverstand zu verbinden. Auch dir werden Eingebungen aus der Unermesslichkeit des Ozeans des Unbewussten geschenkt. Große Forscher wagten sich auf neues Terrain, weil sie dieser inneren Stimme glaubten, die ihnen eindringlich erklärte, was sie zu tun hatten. Mutige Visionen waren es, die Menschen über sich selbst hinauswachsen lassen. Auch deine Seele hält eine Vision für dich bereit: Sie zeigt dir den Weg für dein künftiges Leben. Auch wenn es noch so unrealistisch wirken mag, die Intuition hat immer recht. Traue ihr. Folge ihr. Lass das rationale Handeln los, und folge deinem Herzen.

In der heutigen Zeit leiden wir in vielen Situationen, in denen wir Entscheidungen treffen müssen, nicht an einem Mangel an Informationen, sondern an einem Zuviel davon. Wir können aber immer nur eine bestimmte Anzahl an Infos aufnehmen. So bist auch du gefragt, das Internet öfter auszuschalten und dafür mehr auf deine innere Stimme zu hören. Vertraue beispielsweise wieder deinem gesunden Menschenverstand, wenn es darum geht, einen Weg zu finden. Schau dir vor der Fahrt die Landkarte an, und folge dann deiner Intuition. Auf den Navigator zu verzichten kann ein guter Schritt sein, um dir selbst wieder näherzukommen. So wie du lernst, dich wieder auf dich selbst zu verlassen, dass du den richtigen Weg zu deinem Ziel, einer Straße oder einer Stadt finden wirst, so wird dich dieses Gefühl, selbstwirksam zu sein, auch wieder darin bestärken, auf deine Intuition zu hören.

Mach vielleicht auch einen Tag pro Woche das Handy ganz aus. Dadurch wirst du dich selbst wieder besser spüren – und lernen, auf deine Wahrnehmung zu vertrauen.

Der österreichische Neurowissenschaftler und Psychiater Raphael Bonelli hat ein Buch zum Thema Bauchgefühle geschrieben. Sein Fazit lautet, dass wir unser Bauchgefühl nutzen, uns aber nicht allein davon leiten lassen sollten.

Seiner Meinung nach sind Bauchgefühle etwas Wunderbares, solange ein Mensch sie kontrollieren kann. Dann stellen sie seiner Meinung nach eine große Bereicherung für uns da. Aber gleichzeitig rät er, dass wir auch immer den gesunden Menschenverstand mit ins Boot holen sollten. Denn wenn wir uns nur auf unsere Intuition verlassen, so der Psychiater, verändern wir unsere Lebensweise und unser Sozialverhalten in eine negative Richtung. Seiner Meinung nach gibt uns das Bauchgefühl einen wichtigen Impuls, aber es schlägt uns auch gern den Weg des geringsten Widerstandes vor. Es kommt also auf die Mischung an. Und lassen wir beides da sein, dann macht es Sinn, noch eine dritte Instanz hinzuzunehmen: das eigene Herz, das dann die Entscheidung treffen darf.

STOLZ SEIN

Freust du dich manchmal so richtig, dass du deinem Bauchgefühl gefolgt bist und sich dadurch neue Türen geöffnet und wunderbare Möglichkeiten ergeben haben? Bist du stolz auf die Erfolge, die du erzielt hast, oder genießt du sie eher leise, hinter verschlossener Tür? Erzählst du anderen, wie stolz du auf dich selbst bist? Mit dem Stolz ist es so eine Sache, irgendwie brauchen wir alle dieses Gefühl, und auf der anderen Seite haben wir Angst, dazu zu stehen.

»Stolz« scheint gemeinsam mit »enjoy« zu den meistverwendeten Hashtags in den sozialen Medien zu gehören. Er zeigt stolze Mütter, Gipfelstürmer, Rucksackreisende oder

Autoren, die gerade ihr neustes Buch veröffentlicht haben. Zugleich empfinden andere Menschen es häufig als peinlich, wenn jemand stolz auf sich ist. Dann kann es schon mal passieren, dass sich jemand fremdschämt für das, was man stolz irgendwo postet. Das passiert besonders dann, wenn übertrieben wurde.

Auch hier gilt wieder mal: Der gesunde Mittelweg ist am besten. Wenn wir positiv über uns sprechen, tun wir uns etwas Gutes. Aber wenn wir selbstverliebt und narzisstisch von uns reden, geht der Schuss nach hinten los. Loben wir uns in einem gesunden Maße, dann passiert im Gehirn das Gleiche, wie wenn du ein Stück Schokolade isst oder dir ein gutes Glas Wein gönnst: Dein Belohnungssystem wird aktiviert und schenkt dir ein gutes Gefühl. Zweifellos: Ein Stück Schokolade schadet uns nicht. Eine ganze Tafel hingegen ist ungesund. Ebenso beim Weinkonsum. Hildegard von Bingen sah in einem täglichen Glas Wein sogar Medizin, in einer ganzen Flasche hingegen Gift.

Ob wir ein gesundes Verhältnis zum Stolz entwickelt haben, hängt von unserer Kindheit ab. Wenn andere Menschen uns ihre Aufmerksamkeit nicht geschenkt haben, hatten wir das Gefühl, dass wir sie nicht verdient haben. Solch ein Gefühl kann uns das ganze Leben lang begleiten. Auf der anderen Seite kann ein Übermaß an Zuwendung und ein Zuviel an Lob Druck auf Kinder ausüben.

Mit dem Stolz verhält es sich also ähnlich wie mit dem Bauchgefühl. Hier ist ein Mittelweg gefragt. Und natürlich auch jede Menge Offenheit. Denn es gibt viele Arten von Stolz. Manche haben nicht mal etwas mit uns persönlich zu tun. Wir können stolz sein auf eine Fußballmannschaft, die einen Pokal geholt hat. Oder aber darauf, Teil einer Gemeinschaft zu sein, die sich für etwas Größeres, Gutes einsetzt und sich freut, wenn sie Ziele erreicht. Stolz kann auch bedeuten, Grenzen zu setzen. Wenn wir uns selbst achten, setzen wir Grenzen und lassen nicht zu, dass ein anderer über unsere Grenzen hinweggeht. Wir stehen für uns und unsere Bedürfnisse ein. Gelingt uns das, können wir wirklich stolz auf uns sein. Weil wir beweisen, dass wir Rückgrat haben. Und das ist heute tatsächlich ein Grund, sich hochleben zu lassen. Denn, wie sang Bettina Wegner in einem Lied? »Leute ohne Rückgrat hab'n wir schon zuviel.«[1]

Impuls Nr. 37: Selbstachtung entwickeln

Stolz bedeutet, dass du dich selbst und eine Gefühle und Bedürfnisse achtest und ihnen die oberste Priorität schenkst. Wenn alles da sein darf, was ist, also auch das Gefühl, stolz auf dich selbst zu sein, kann Stolz sogar noch einen Schritt weiter gehen als Selbstachtung. Dann es ist ein radikaler Akt der Selbstliebe. Die Body-Positivity-Bewegung ist ein gutes Beispiel dafür. Dabei geht es nicht nur darum, füllige Frauen zu akzeptieren, sondern den Körper in all seinen Formen zu lieben und anzunehmen. Wenn Frauen diesen Schritt zu mehr Selbstliebe gehen, dann um sich so anzunehmen, wie sie sind. Alles, was ist, darf sein. Auch die eigene Einzigartigkeit.

So geht's

Mach dir bewusst, dass du ein einzigartiges, einmaliges Wesen bist. Niemand ist so wie du. Deine Figur, dein Geist, deine Eigenart. Alles ist ein großes Geschenk des Lebens an dich. Du darfst stolz auf dich sein. Auf dein Sosein. Du musst auch nichts dafür leisten, stolz auf dich sein zu dürfen. Du genügst. Normalerweise meinen wir, dass wir uns etwas hart verdienen müssen. Das brauchst du nicht, wenn es darum geht, stolz auf dich zu sein. Stolz darauf, dass du du bist. Du brauchst nicht erst einen steinigen Weg zu meistern, um stolz auf dich sein zu können. Du darfst auch stolz darauf sein, dass du ein Mensch bist, der versucht, alles da sein zu lassen. Sonst hättest du dieses Buch gerade nicht in der Hand. Das allein zeugt davon, dass du ein großartiger Mensch bist, der einen weiten Geist und ein offenes Herz entwickeln möchte. Auch das ist schon wieder ein Grund, stolz auf dich zu sein.

Wie wär's, wenn du dir jeden Tag etwas aussuchst, auf das du stolz bist? Je kleiner der Grund, desto besser.

Impuls Nr. 38: Würde kultivieren

Sich selbst zu lieben ist ein Weg, den wir nicht von heute auf morgen beschreiten werden. Alles dauert seine Zeit – und auch das darf sein. Manchmal kann es uns helfen, dass wir uns Hilfe holen, wenn wir einen Schritt in Richtung

Selbstliebe machen können, weil wir uns selbst vielleicht zu sehr ablehnen. In einem solchen Fall ist es gut, wenn du dir Unterstützung von einem Menschen holst, der dich liebt, dich geliebt hat oder der für dich ein Sinnbild für Liebe und Wertschätzung ist.

So geht's

Komm in eine aufrechte Sitzhaltung oder in einen aufrechten Stand. Wenn es dir schwerfällt, dir vorzustellen, dass du selbst Würde besitzt, so stell dir eine Person vor, die in deinen Augen Würde ausstrahlt. Vielleicht ein Heiliger, ein Yogi, ein buddhistischer Mönch, eine Künstlerin. Stell dir nun vor, dass du diese Person inkognito bist und ihre Würde voll und ganz ausstrahlst. Verinnerliche diese Würde mit jedem Atemzug.

Ja zur Veränderung

Manchmal brauchen wir das Unvorhersehbare, um wieder mit unserer Lebendigkeit in Kontakt zu kommen. Das Leben kann so einfach sein, wenn wir darauf vertrauen, dass zufällige Ereignisse, die unseren Alltag von heute auf morgen auf den Kopf stellen, eine Liebeserklärung des Lebens an uns sind. Eine solche Aussage kann schwer auszuhalten sein, besonders dann, wenn uns ein Verlust die Lebensgrundlage genommen hat. Manche Erfahrungen sind so schmerzvoll, dass man den Eindruck gewinnen könnte, das Leben sei gnadenlos, weil es alle Wünsche und Visionen zerstört. Ein solcher Schicksalsschlag soll eine Liebeserklärung des Himmels sein?! Oftmals verstehen wir erst viele Jahre später, warum eine Trennung, ein Jobwechsel, eine Scheidung oder ein Tod so wichtig für unser persönliches Wachstum waren. Schmerzvolle Verluste werfen uns auf uns selbst zurück. Aber sie schenken uns auch die Möglichkeit, einschränkende Überzeugungen über uns selbst und das Leben durch den Glauben an etwas Größeres zu ersetzen. Den Glauben daran, dass viel mehr möglich ist, wenn wir uns auf die göttliche Quelle in uns besinnen und uns mit dem All-Einen verbinden. Wenn wir uns in einer Krise nicht mit der Rolle des Opfers äußerer Umstände zufriedengeben, sondern als Schöpfer unseres zukünftigen Lebens, können wir alles sein. Alles erleben.

Krisen durchläuft jeder Mensch irgendwann in seinem Leben. Auch du bleibst bestimmt nicht davon verschont, oder? Krisen wollen dich wachküssen für das Wesentliche im Leben. Sie möchten dich inspirieren, dich selbst zu fragen: Was schenkt mir wahre Zufriedenheit? Mut kann dir in solchen Zeiten helfen, dir die Frage ohne Rücksicht auf Verluste zu stellen. Wenn auf der Suche nach einer Antwort alles sein darf, könnten alte, überholte und einschränkende Überzeugungen über dich selbst verschwinden. Und noch mehr darf verschwinden: alte Ängste vor der eigenen Bedeutungslosigkeit, vor Einsamkeit, davor, keinen Sinn mehr im Leben zu finden. Und stattdessen darf sich die unendliche Schöpferkraft zeigen, die in dir wohnt. Die Kreativität, die Inspiration, das Göttliche. Eine solche Erfahrung setzt voraus, dass du dein Herz öffnest und dich empfänglich für etwas machst, das viel größer und umfassender ist als dein Verstand. Etwas, das nur mit dem Herzen gesehen werden kann: Magie, umfassende Heilung, tiefe Verbundenheit und bedingungslose Liebe.

Impuls Nr. 39: Nach innen schauen

Eine Zeit des Wandels ist der perfekte Zeitpunkt, tief in dein Herz zu schauen und das, was du wirklich willst, in die Tat umzusetzen. Veränderungen, dic eine solche Innenschau nach sich ziehen können, sind dann besonders wirksam, wenn wir die Botschaften unseres Herzens ernst nehmen und nicht als sentimentale Laune abtun. Es heißt, dass jeder Mensch alle Antworten in sich trägt, um an der nächsten Kreuzung richtig abzubiegen.

So geht's

Du brauchst den neuen Weg nicht gleich in Siebenmeilenstiefeln zu gehen. Es reicht, wenn du deine Komfortzone Schritt für Schritt verlässt und dich nach und nach neuen Herausforderungen stellst. Es darf auch etwas Kleines sein, mit dem du deinen Alltag veränderst. Hauptsache, du machst dich mutig und vertrauensvoll auf den Weg. Mut ist eine Qualität, die wir manchmal erst durch eine Krise in uns entdecken. Sie unterstützt uns darin, uns selbst zu hinterfragen, uns für uns selbst zu entscheiden und dafür zu sorgen, dass wir einen Neuanfang wagen. Erst der Mut macht es möglich, versteckte Emotionen zu befreien und einen Raum für Heilung und neue Energie zu schaffen. Wie wär's, wenn du dir eine Liste von Dingen machst, die du gern in deinem Leben verändern würdest. Beginne dann damit, das zu verändern, was dir am leichtesten fällt. Geh so eine Veränderung nach der nächsten an. Lobe dich dafür, wenn es dir gelungen ist, dass du deine Komfortzone erweitert hast.

DEN NEUANFANG BEGRÜSSEN

Im Neuanfang liegt eine große Kraft. Etwas beginnen zu können, ohne sich von früheren Fehlern, Schicksalsschlägen oder Misserfolgen abhalten zu lassen, darin liegt das Geheimnis eines glücklichen Lebens. Irgendwann müssen wir akzeptieren, dass das Leben einem ständigen Wandel unterliegt. Alles unterliegt der permanenten Veränderung. Wenn wir mit dem Fluss des Lebens gehen wollen, zwingt uns der konstante Wandel, die Vergangenheit hinter uns lassen und uns immer wieder neu für den gegenwärtigen Moment zu öffnen.

Impuls Nr. 40: Wachstumsmöglichkeiten erkennen

Wenn du nach einer Zeit der Trauer und der Reflexion über einen Verlust einen Strich unter das Vergangene ziehst, wird dein Herz wieder frei und dein Blick klar. Dann kannst du förmlich spüren, dass die Welt dir wieder offensteht. Du erkennst, dass du alle Möglichkeiten hast. Dann kannst du mutig und hoffnungsvoll weitere Schritte gehen. Du kannst dich immer wieder neu erfinden. Ganz neu anfangen. Auf bessere Zeiten hoffen. Hoffnung ist genauso wie Mut eine Kraft, die dem Herzen entspringt. Sie ist etwas Unzerstörbares, das jedem Menschen innewohnt. Auch dir. Manchmal kann sie ganz irrational aufblitzen und dich auch dann weitermachen lassen, wenn alles aussichtslos erscheint. Besonders dann kann Mut zu einem Leitstern werden, wenn eine Situation oberflächlich betrachtet verfahren aussieht. Dennoch kann sich alles wandeln.

So geht's

Erinnere dich an eine Krise, die du in der Vergangenheit hattest. Wie verzweifelt warst du zu Beginn, und was hast du im Nachhinein aus dieser schweren Zeit mitgenommen? Wie sehr hat diese Erfahrung dich reifen lassen? Mach dir bewusst: Du bist erst durch all die Herausforderungen und Krisen, die du als Chance genutzt hast, der Mensch geworden, der du heute bist.

Impuls Nr. 41: Erwachen

An Herausforderungen zu reifen tut auch immer ein bisschen weh. Freu dich darauf, dass du ein Stück Illusion loslassen wirst. Auch wenn es im ersten Moment wehtut, so wirst du später klarer erkennen, was dir wirklich wichtig ist.

Lass alte Sicherheiten los, die ihre Gültigkeit verloren haben. Dadurch wirst du erkennen, dass du das Leben nicht kontrollieren kannst. Dieser Desillusionierung wohnt eine große Kraft inne, weil sie dich auf einer tieferen Ebene mit dir selbst in Kontakt bringen kann. Sie kann dich dazu bringen, dich zu fragen, was dir am wichtigsten ist. Diese Frage haben sich während der Pandemiezeit viele Menschen in meinen Kursen gestellt. Auf sich selbst zurückgeworfen in Zeiten der Isolation und des Nicht-reisen-Könnens, haben sie erkannt, dass sie mehr als genug Kleider und Schuhe in ihren Schränken haben und mehr als genug Zeug in ihrer Wohnung horten und trotzdem nicht wirklich glücklich sind.

So geht's

Mach dir eine Liste von den Dingen, die dir wirklich wichtig sind. Welche Menschen liegen dir am Herzen? Mit wem möchtest du deine Zeit verbringen? Das Gleiche gilt für Tätigkeiten. Was erfüllt dich? Was gibt dir das Gefühl, dass du deine wertvolle Lebenszeit sinnvoll ausgefüllt hast. Schreib zehn bis zwanzig Dinge auf.

Und daneben mach eine Liste, und trage all die Dinge und Menschen ein, die dir Energie rauben und dich nerven. Versuche, nach und nach diese Dinge aus deinem Leben zu streichen, wenn sie dich stressen oder unglücklich machen. Ersetze sie durch etwas, was dich erfüllt, befriedigt und glücklich macht.

Impuls Nr. 42: Frei werden

Erlebe die Veränderung, durch die wir gerade gesellschaftlich und individuell gehen, als eine große Chance. Löse dich von all den Plänen und Erwartungen an dich selbst und das Leben. Öffne dich dafür, dass das Leben seine eigenen Pläne hat, die immer deinem Wachstum dienen. Selbst Katastrophen, Pandemien, Kriege haben ihren Sinn. Im Lebensstrom sind sie wertfrei angesiedelt. Sie sind weder gut noch schlecht, sondern ein Baustein in einem perfekten kosmischen Spiel des Lebens. Mit jedem kleinen Tod, den wir während unseres Daseins sterben, können wir unsere Vorstellungen vom Leben loslassen und uns der Erfahrung des unmittelbaren Erlebens hingeben. Alles, was bei unseren kleinen und großen Toden stirbt, sind Vorstellungen über uns und das Leben. Im Akt dieser Erkenntnis liegt eine große Kraft.

So geht's

Oft sind es unsere eingefahrenen Muster, die uns jahrzehntelang auf eine bestimmte Weise haben handeln lassen. Das bedeutet nicht, dass wir unsere Muster sind. Und das heißt auch nicht, dass sie uns in der jetzigen Zeit des großen gesellschaftlichen Wandels noch dienlich sind. Achte auf deine Muster. Wie verhältst du dich, wenn es darum geht, Altes loszulassen? Wie sehr hältst du an Ritualen, Menschen, Gewohnheiten fest, die heute nicht mehr zu dir passen?

Sobald du bemerkst, dass du wieder in eine vertraute, aber ungünstige Verhaltensweise verfällst, die dich jahrzehntelang geprägt hat, kannst du dir sagen: »Ich bin nicht meine Muster!«

Auch wenn dir die Angst weismachen will, dass du zu klein, zu dumm und zu unkreativ bist, um deine Träume zu leben. Lass dich nicht länger von ihr zurückhalten, deine innere Stärke zum Vorschein zu bringen. Alte Gewohnheiten lassen sich in jedem Alter verändern. Das ist das, was die Gehirnforschung Neuroplastizität nennt.

Schreib die Muster auf, die dich blockieren, und notiere rechts davon, was du tun wirst, um sie zu durchbrechen.

RAUS AUS DER OPFERHALTUNG

Eine Krise, die große Veränderungen mit sich bringt, kann jeden von uns treffen. Warum aber trifft sie nette, liebenswürdige und hilfsbereite Menschen und nicht die Despoten, Diktatoren und Psychopathen dieser Welt? So gab es in der Pandemie einige Unternehmen, deren Vermögen sich verdoppelt und verdreifacht hat. Auf der anderen Seite gab es so viele Verlierer. Kleine Unternehmen, die schließen mussten. Künstler, die nicht auftreten konnten. Familien, die überfordert waren.

Wie sich das eigene Leben entwickeln wird, kann keiner von uns im Voraus sagen. Die einen nennen es Pech oder

Karma, die anderen bezeichnen es als Schicksal, wenn uns etwas Schmerzhaftes passiert. Was wir allerdings verändern können, ist unser Umgang mit solchen Situationen. Es gibt Menschen, die trotz schwerer Schicksalsschläge ein sinnerfülltes Leben führen. Sie betrachten die Erfahrungen, die sie machen, als eine Chance, weil sie Selbstvertrauen in die eigene Wirksamkeit entwickelten. Sie beginnen das Potenzial, das sich ihnen durch eine Krise eröffnet, zur Gänze auszuschöpfen und bewältigen Schwierigkeiten, wie sie es früher nie für möglich gehalten hätten. Wir alle können das. Wir können Dinge für uns zum Positiven wenden, selbst dann, wenn der erlittene Verlust groß war.

Wenn wir gestärkt aus einer solchen Krise hervorgehen, in der wir ein Trauma bewältigt haben, spricht man von posttraumatischem Wachstum. Damit gemeint ist, dass wir es schaffen, aus schlechten Erfahrungen etwas Positives zu ziehen. So kann jemand, der seine Partnerin verloren hat, gezwungen werden, Tätigkeiten zu erlernen, die zuvor der Partner übernommen hatte. Manchmal lernen Menschen auf diese Weise ihnen innewohnende Fähigkeiten kennen, die sie im Zusammenleben mit dem anderen niemals erfahren hätten. Auch das darf sein! Wir können so unendlich wachsen und neues Vertrauen in die eigenen Fähigkeiten aufbauen.

Manche Menschen erzählen, dass genau dieser eine schmerzliche Verlust sie hat reifen lassen. Sie haben ein viel höheres Selbstwertgefühl entwickelt und waren in der Lage, nach dem Verlust mehr Ausdauer, Geduld und Dankbarkeit zu entwickeln. Beziehungen können sich nach einem Verlust oder einer Krise vertiefen, wenn wir erkennen, auf wen wir uns wirklich verlassen können. Viele Menschen sprechen davon, dass sie sich selbst durch eine solche Krise neu kennengelernt haben und für diese Erfahrung im Nachhinein sehr dankbar sind. Das bedeutet nicht, dass Menschen, die tiefe Krisen erleben und einen schmerzhaften Wandel erfahren, nicht unter den leidvollen Erfahrungen leiden. Natürlich ist da auch Schweres. Aber am Ende kann eine solche Erfahrung sie stärken.

Besonders schwierig kann es anfangs sein, eine problematische Erfahrung zu akzeptieren, wenn Dinge ohne ersichtlichen Grund geschehen. Besonders schwierig ist es, wenn man nicht in das eigene Schicksal vertraut. Wenn zum Beispiel ein geliebter Mensch stirbt, kann man sich nach dem Warum fragen. Warum dieser Mensch? Warum gerade jetzt, wo wir so viele Pläne hatten? Warum geschieht mir so etwas? Oder: Warum verliere ich meinen Traumjob? Wieso geht meine Firma pleite, in die ich mein ganzes Leben investiert habe?

Impuls Nr. 43: Auf das Gute schauen

Betrachte Erfahrungen, die das Leben dir schickt, nicht als etwas, was dir persönlich schadet. Sieh es auch nicht als einen Angriff gegen dich. Sieh es eher als eine Chance, die dich einlädt, daran zu wachsen. Wenn du einen tieferen Sinn in einer schwierigen Erfahrung findest, wird es dir leichterfallen, das Geschehene einzuordnen. Zum Beispiel kann das Gefühl entstehen, dass du diese Erfahrung gemacht hast, um etwas Essenzielles über dich selbst oder das Leben zu lernen. Du erkennst, dass du heute viel mehr kannst, als du dir damals zugetraut hättest.

So geht's

Erinnere dich an drei Krisen in deinem Leben. Wie verzweifelt warst du damals? Und wie schaust du heute darauf zurück? Wie sehr hat dich das, was dir passiert ist, reifen lassen?

Überleg dir, welche Qualitäten du durch diese Krisen entwickelt hast. Bist du mutiger geworden? Selbstbewusster? Hast du mehr Vertrauen in deine Fähigkeiten entwickelt? Mach dir bewusst, dass das Leben uns schleift wie einen Diamanten. Auch dich schleift das Leben, damit die beste Version von dir zum Vorschein kommt.

Manchmal sind es kleine Krisen, die uns auffordern, unser Leben zu ändern. Manchmal sind es große Ereignisse, die uns die Chance geben, unsere Existenz auf neue Beine zu stellen.

WEISHEITSGESCHICHTE:
Zurück ins Leben finden

Es geschah am Ende seines lang ersehnten Urlaubs. Karl hatte sich nach einer stressigen Saison in der Segelwerft drei Wochen freigenommen, um mit einem Freund zum Motorradfahren nach Kalifornien zu fliegen. Sie fuhren die Route 66, eine wunderschöne Strecke, die die Herzen aller Motorradfahrer höherschlagen lässt. Plötzlich scherte ein betrunkener Lastwagenfahrer auf der Gegenfahrbahn zum Überholen aus. Karl hatte keine Chance mehr und knallte frontal in den riesigen Lkw. Sein rechtes Bein war zerschmettert und der rechte Arm ebenfalls schwer verletzt. Sechs Wochen lang stand sein Leben auf der Kippe. Der Höhepunkt der Krise war erreicht, als sein Arm abstarb. Daraufhin versagten die Nieren, und eine Lungenembolie ließ den rechten Lungenflügel kollabieren. Als er sich nicht wieder entfalten ließ, gaben die Ärzte ihn auf. Einer von ihnen sagte im OP: »Das schaffen wir nicht. Den kriegen wir nicht mehr hin.«

Karl sollte diese Information nicht mitbekommen. Aber in diesem Moment, während er auf dem OP-Tisch lag, sah er auf einer seelischen Ebene seine vier kleinen Kinder vor sich. Sie baten ihn, dazubleiben und für sie da zu sein. Die Ärzte, als hätten sie etwas davon bemerkt, unternahmen schließlich noch einen letzten Versuch, die Lunge zu entfalten – und dieses Mal klappte es!

Der Weg zurück ins Leben war für Karl nicht leicht, vor allem weil die Ärzte ihn mit negativen Prognosen bombardierten. Sie meinten, dass er ein Pflegefall bleiben würde. Das sagten sie nicht nur einmal, sondern immer wieder. Anstatt sich aber selbst aufzugeben, rührten sich stattdessen ungeahnte Kräfte in Karl. Er spürte, dass die

Genesung eine reine Einstellungssache ist. Durch die Achtsamkeit lernte er, dass man keine Kraft zur Besserung findet, wenn man ständig zurückschaut und mit dem Schicksal hadert. Bereits vor dem Unfall hatte Karl sich daran orientiert, dass das Leben eine Reihe von Herausforderungen bereithält, die man bewältigen muss, um daran zu wachsen.

Diese Haltung, auf sein Gefühl zu hören und weniger auf die Meinung von Ärzten, war seine Rettung. Denn tief im Innersten spürte er, was das Richtige ist. Ein untrügerisches Gefühl von Ruhe und Vertrauen lag diesem Wissen zugrunde. Die meisten von uns haben leider verlernt, auf dieses Gefühl zu hören. Karl hatte den Mut, sich ihm anzuvertrauen. Heute genießt er sein Leben mehr denn je – trotz seiner körperlichen Einschränkungen. Er weiß, dass er heute nicht so glücklich wäre, wenn der Unfall nicht passiert wäre. Er wäre nach seinem Urlaub wieder zurück ins Hamsterrad gestiegen und hätte den Rest seines Lebens dort weitergemacht. An der Schwelle zum Tod erkannte er jedoch, dass nur zählt, ob er geliebt und gelebt hat.

Impuls Nr. 44: Erkenne deine Qualitäten

Jede wirkliche Veränderung beginnt mit einem Ja zu uns selbst. Es mag eigenartig klingen, aber es liegt einzig und allein an dir selbst, wie du auf die Herausforderungen des Lebens reagierst. Die Weisheitsgeschichten in diesem Buch machen deutlich, dass die äußeren Umstände manchmal gnadenlos erscheinen, aber Menschen wie Karl durch etwas zunächst Erschreckendes die beste Version ihrer selbst hervorgebracht haben.

Auch du bist hier auf dieser Welt, um dich zu entfalten, damit du zu dem, was zum Vorschein kommt, aus tiefstem Herzen Ja sagen kannst. Das ist deine tiefste Berufung. Deine eigene Meinung zu stärken und die Meinung der anderen zu achten gehört genauso dazu, wie die eigenen Qualitäten zu stärken und auch die der anderen zu fördern. Wenn alles, was ist, sein darf, dann ist damit auch unsere Stärke und unsere Kreativität gemeint. Deshalb bist du aufgefordert, dich selbst wichtig zu nehmen – dich selbst als mit besonderen Fähigkeiten Beschenkte anzunehmen. Du bist auch aufgefordert, dich selbst als Beauftragte zu sehen, die Qualitäten wie Würde, Liebe, Verbundenheit, Zuversicht und vor allen Dingen Vertrauen kultivieren soll.

So geht's

Überleg dir, welche Qualitäten du gern in dein Leben bringen möchtest. Nimm dir eine Qualität nach der nächsten vor. Beschäftige dich mit ihnen. Integriere sie in dein Leben. Werde zu diesen Qualitäten. Wir haben jeden Moment die Möglichkeit, uns zu verändern. Wir können die Tugenden in unser eigenes Leben integrieren, die wir an unseren Idealen und Vorbildern schätzen. Auch sie wurden vom Leben zu Diamanten geschliffen. Niemandem werden die edelsten Qualitäten in den Schoß gelegt. Ein Wandel ist möglich. Überall und jederzeit.

GELASSENER REAGIEREN

Das Entwickeln von Vertrauen spielt in vielen spirituellen Traditionen eine wichtige Rolle, so auch im Buddhismus. Hier wird es zu den fünf Qualitäten gezählt, die uns dabei helfen, gelassener auf die Veränderungen des Lebens zu reagieren. Buddha wusste, dass wir leiden, wenn wir uns gegen den Wandel wehren. Neben Vertrauen gehören Achtsamkeit, Konzentration, Mut und Weisheit dazu. Das Verhältnis dieser fünf Qualitäten wird durch ein Gespann aus fünf Pferden symbolisiert. Angeführt werden sie von der Achtsamkeit, gefolgt von Vertrauen und Weisheit sowie Konzentration und Mut. Befinden sich die Paare in Balance, kommen Gespann und Wagen gut voran. Die Achtsamkeit ist die Voraussetzung, um Bewusstheit zu kultivieren. Sie bestimmt maßgeblich sowohl die Tiefe als auch die Richtung unseres Weges. Kultivieren wir diese fünf Qualitäten, werden wir selbstsicherer.

BEWUSSTHEIT KULTIVIEREN

Bewusstheit zu kultivieren bedeutet, dass alles, was ist, da sein darf. Es bedeutet, dass du nicht gleich in die Wertung gehst. Was immer auch passiert, du trittst innerlich einen Schritt zurück und lässt alles, was ist, da sein. Bewusstheit wird gern fehlgedeutet und instrumentalisiert: Man fühlt sich weiser, weiter oder erleuchteter als die anderen. Bewusstheit bedeutet jedoch, dass du berührbar wirst für das, was ist. Du bist ganz im Hier und Jetzt und lässt dich von Gefühlen und Erfahrungen wirklich erreichen. Du verlierst dich nicht in Hochmut oder spiritueller Arroganz.

Bewusstsein zu kultivieren bringt uns auf eine ganz neue Weise mit dem Leben in Kontakt. Anstatt etwas erzwingen oder erreichen zu wollen, lassen wir uns ganz auf das ein, was passiert. Wir wechseln unsere Perspektive und öffnen uns ganz neu für das Leben.

Wir nehmen an, was ist. Warum? Wir haben die Tendenz, dass wir Menschen und Situationen anders haben wollen, als sie uns erscheinen. Indem wir sie sein lassen, ist Wandel möglich.

Wir hören auf zu bewerten. Warum? Meistens sind wir damit beschäftigt, das Leben kontrollieren zu wollen. Wir checken, beeinflussen, manipulieren, kritisieren und haben bestimmte Vorstellungen von uns und der Welt. Das führt dazu, dass wir selten mit dem Fluss des Lebens gehen. Wenn wir zurücktreten und durchatmen, kann ein offener Raum entstehen. Wir lassen die Absicht los, etwas Bestimmtes zu erreichen. Warum? Meistens ist das, was wir tun, zweckgebunden. Wenn wir die Dinge ihrer selbst wegen tun, erfahren wir sie in der Tiefe. Doch wir lieben andere Menschen, weil wir auch geliebt werden wollen. Wir machen etwas, weil wir uns etwas davon erhoffen. Wenn wir unsere Vorstellungen und Erwartungen loslassen, kann sich das Leben so entfalten, wie es sich zeigen möchte. Und das ist immer auf unser Wohl und unser Wachstum ausgerichtet.

Wir bemerken, wann wir unachtsam sind. Warum? Diese Übung ist die Basis der Bewusstheit. Wenn wir bemerken, dass wir unbewusst waren, dann sind wir schon sehr bewusst. Ob wir eine Minute unbewusst waren, eine Stunde oder einen Tag, spielt die sekundäre Rolle. Wichtig ist zu bemerken, dass wir es waren – und dann wieder zur Bewusstheit zurückzukehren.

Wir bleiben dran. Warum? Wir haben das Gefühl für einen natürlichen Entwicklungsprozess verloren. Deshalb sind wir so ungeduldig geworden und wollen unmittelbare Ergebnisse, und zwar möglichst positive. Nachhaltige Veränderung braucht jedoch Zeit. Kein Bäum wächst von heute auf morgen und trägt Früchte. Aber wenn wir mitfühlend und achtsam dranbleiben, erleben wir, dass unser Leben intensiver, schöner und facettenreicher wird – und wir entspannen und gelassener werden.

TOTALE FREIHEIT ERFAHREN

Egal wie klein die einzelnen Schritte auf unserem Weg sind: Wenn wir sie achtsam und voller Vertrauen machen, entwickeln wir mit der Zeit immer mehr die Bereitschaft, alles da sein zu lassen. Wir lassen den Wunsch nach Perfektionismus los. Wir wollen das Leben nicht länger kontrollieren. Wir vertrauen in unsere Unvollkommenheit und wissen, dass sie zum Menschsein gehört. Wir sind offen für das, was sich zeigen will. Wir schauen hin, werden berührbarer, mitfühlender uns selbst und anderen gegenüber. Machen wir uns immer wieder bewusst, dass alles, was jetzt gerade passiert, das Wichtigste in unserem Leben ist, können wir uns entspannen und die Vergangenheit loslassen. Dann brauchen wir uns weder eine schönere, bessere Vergangenheit noch eine glücklichere Zukunft zu wünschen. Dann sind wir zufrieden mit dem, was gerade in diesem Moment passiert, weil wir wissen, dass alles, was passiert, unserer Entwicklung dient – die in innere Freiheit münden will.

Wahre Freiheit kommt nie durch äußere Veränderungen. Sie findet einzig und allein in uns selbst statt. Das gilt auch dann, wenn unsere Erfahrungen dramatisch sind. Wahre Freiheit erlangen wir erst, wenn wir uns für uns selbst öffnen. Diese Öffnung geschieht, indem wir anfangen, die ganze Tiefe und Weite unserer Person zu erfahren – und zu erkennen, dass wahre Freiheit immer schon da war. Manche Menschen machen diese Erfahrung im Gefängnis.

WEISHEITSGESCHICHTE:
Im Gefängnis

Die achtundzwanzigjährige Stefanie hatte beruflich großes Glück und durfte für ein Hamburger Unternehmen eine Zweigstelle für den Verkauf von Honig leiten: in den USA. Sie führte damit ein Leben, wie sie es sich immer gewünscht hatte. Bis zu dem Tag, an dem sie realisierte, dass eine halbe Tonne Honig bei einer Lieferung fehlte. Bei ihren Nachforschungen stellte sie fest, dass ihr Chef mit Scheinfirmen zusammenarbeitete, um auf diese Weise hohe Zölle zu umgehen. Sie sprach ihren Vorgesetzten darauf an, der zugab, dass sie gegen das US-Recht verstoßen würden, ihr aber zusicherte, das nun ändern zu wollen.

Da Stefanie ihrem Chef vertraute, forschte sie nicht weiter nach. Als sie Monate später in Chicago am Flughafen in ihren lang ersehnten Urlaub fliegen wollte, wurde sie allerdings zu ihrer eigenen Überraschung verhaftet. Ohne ihr Wissen war sie in einen der größten Lebensmittelskandale der USA verwickelt worden. Die Anschuldigung lautete: Zollbetrug in Höhe von 120 Millionen Dollar. Zuerst konnte sich die junge Frau noch mit Fußfessel versehen frei im Land bewegen. Dann aber kam sie für anderthalb Jahre ins Gefängnis – zusammen mit Schwerverbrecherinnen. Viele von ihnen nahmen Psychopharmaka, um unter den dort herrschenden Umständen überhaupt überleben zu können. Obwohl das Gefängnis total überfüllt war, traf Stefanie aber auch auf Menschen, die fürsorglich und liebevoll mit ihr umgingen. Kreativ, wie Stefanie war, eröffnete sie eine provisorische Eisdiele. Nach vielen Monaten durfte sie die USA verlassen, darf aber nie mehr in das Land ihrer frühen Träume zurückkehren. Der Grund: Sie schuldet dem Staat sehr viel Geld.

Stefanie weiß, dass sie wichtige Jahre ihres Lebens verloren hat. Während andere Frauen heirateten, Kinder bekamen oder die Karriereleiter emporstiegen, saß sie unschuldig hinter Gittern. Aber eines hatte sie an diesem Ort gelernt: dass sie unerschütterlich ist und dass es einen Kern in ihr gibt, der niemals aufgibt. Egal, wie widrig die äußeren Umstände sind.[2]

Was Stefanie erlebte, habe ich auch von anderen Menschen gehört, die unschuldig ins Gefängnis mussten. Sie gingen gestärkt aus dieser Zeit hervor. Maksim Klasanovic, ein junger Mann, beschreibt in seinem Buch *Der König darf nicht sterben* seine Haftstrafe in Thailand. Dort kam er auch mit einer Kraft in Kontakt, die er sonst nicht erfahren hätte. Und auch Cunong Lu, ein Gefängniskaplan, erzählt in seinem Buch *Buddha hinter Gittern* von sehr berührenden Erfahrungen, die er mit Häftlingen hatte. Einige von ihnen kamen in der Haft mit ihrer eigenen Mitte in Kontakt. Andere erfuhren ihre eigene Essenz und fanden so den Weg zu innerem Frieden.

Impuls Nr. 45: Mut entwickeln

Du brauchst natürlich nicht gleich mit existenziellen Verlusten oder einer Gefängnisstrafe konfrontiert sein, um mit deinem Mut und deinem inneren Frieden in Verbindung zu kommen. Du brauchst auch nicht darauf zu warten, bis dich das Leben mit sehr herausfordernden Situationen konfrontiert, um dein Wachstum anzuschieben. Du kannst dein Selbstvertrauen bewusst stärken, indem du dich mutig kleineren Herausforderungen wie einem neuen Job, einer großen Präsentation oder dem Besuch auf einer Party stellst. Mut kann Berge versetzen. Auch dann, wenn du Angst vor neuen Situationen hast. Hilfreich ist es dafür, dir all die Situationen bewusst zu machen, in denen du in deinem Leben bereits Mut bewiesen hast.

So geht's

Erinnere dich an Situationen, in denen du Mut bewiesen hast. Vielleicht hast du dich als Kind oder als Jugendlicher etwas getraut oder bist später über dich hinausgewachsen. Es müssen keine großen Heldentaten gewesen sein. Mut wird ganz subjektiv erlebt. Mach dir deinen Mut bewusst, um ihn neu zu stärken.

IMMER WIEDER NEU

Mut löst Angst oder Unsicherheit nicht von heute auf morgen auf, sondern schaut ihr ins Gesicht. Mal ringt Mut mit der Angst, mal umarmt er sie – achtsam und mitfühlend. Mut hilft uns dabei, über uns selbst hinauszuwachsen. Er zielt immer wieder darauf ab, neue Herausforderungen zu finden und sich darüber selbst neu zu begegnen, die eigenen Ängste wahrzunehmen und die Angst vor der Angst als solche zu erkennen. Mut macht es möglich, sich den eigenen Verletzungen und Wunden zuzuwenden – und die eigene Sehnsucht nach Heilung ernst zu nehmen.

Für einen Menschen, der viel Selbstvertrauen besitzt, kann eine Herausforderung eine große Freude sein. Ein Mensch, der jedoch an sich selbst zweifelt, kommt in einer solchen Situation vielleicht bereits an seine Grenzen. Möglicherweise müssen wir unser Selbstvertrauen im Laufe unseres Lebens erst hart verdienen. Wenn wir es jedoch noch nicht besitzen und uns dann permanent mit Menschen vergleichen, die in herausfordernden Situationen gelassen bleiben, laufen wir Gefahr, dass wir noch mehr an uns zu zweifeln. Während wir mit unseren Ängsten ringen, nach außen zu gehen, meistern sie eine große Präsentation souverän, sprechen natürlich und druckreif vor einer großen Gruppe. Sie gehen entspannt mit stressigen Situationen im Alltag um, die einem Menschen ohne Urvertrauen schon mal ganz an die eigenen Grenzen der Belastbarkeit bringen können. Deswegen ist der Mensch, der gelassen auf Herausforderungen reagiert, nicht besser als ein Mensch, der sich schwerer damit tut. Alles, was ist, darf sein – auch Ängste und Selbstzweifel. Jeder Mensch ist einzigartig, so wie er ist.

Die Ursache für mehr oder weniger Selbstvertrauen liegt in unserer Kindheit. Kinder sind wie Bäume oder Tiere ganz unterschiedlich – und sie sollen es auch sein dürfen. Einige Kinder sind neugierig, andere sind schüchtern. Einige sind zurückhaltend, andere laut. Einige sind gut im Kopfrechnen, andere können wunderbar singen. Und ein jedes Kind sollte so sein dürfen, wie es ist, in seiner Einzigartigkeit. Manche Kinder tun sich leicht damit, etwas vorzulesen oder aufzusagen oder stressige Herausforderungen zu meistern. Andere Kinder haben es nicht ganz so leicht, anderen Menschen etwas von sich zu zeigen oder schwierige Situationen zu bewältigen. Die Fähigkeit, gelassen damit umzugehen, hat mit dem sogenannten Fenster der Toleranz zu tun. Kinder, die mit einem großen Toleranzfenster ausgestattet sind, sind emotional sicherer als Kinder, die ein kleines solches Fenster haben. Die werden schon bei kleinen Herausforderungen unruhig und ängstlich. Sie tun sich schwer, ihr Komfortzone zu verlassen. Die Größe des Toleranzfensters wird durch ein paar evolutionäre Faktoren, die Erziehung und all die Konditionierungen bestimmt, die wir erfahren.

Impuls Nr. 46: Das Fenster der Toleranz erweitern

Auch wenn du eine gewisse Veranlagung zu Scheu, Vorsicht oder Zweifeln hast und dich schwertust, dein Leben neugierig zu erforschen, ist dein Fenster der Toleranz nichts Festgeschriebenes. Es ist variabel. Mit diesen Übungen kannst du es erweitern und dahin kommen, dass sich die Selbstzweifel in konstruktive Zweifel wandeln. In einem gewissen Maß sind Zweifel gut und wichtig. Ja, sie erfordern sogar Mut. Du kannst Zweifel eine Zeit lang unterdrücken, aber wenn du mutig bist und sie von allen Seiten wohlwollend und achtsam beleuchtest, kannst du an dieser inneren Reflexion sogar wachsen. Mut braucht die Sicherheit der fraglosen Überzeugung von dir selbst und deine Fähigkeiten nicht. Er öffnet sich vielmehr und schließt das Wagnis mit ein, dich selbst immer wieder infrage zu stellen. Ohne Zweifel wäre Wachstum nicht möglich.

So geht's

Begib dich in eine Situation, die dich herausfordert, aber nicht überfordert. Versuche, dich der Situation mit einer gewissen Distanz zu nähern, und nimm wahr, welche Körperempfindungen du hast. Du kannst dir dann sagen: »Ah, das ist ja spannend, dass ich mit Herzklopfen auf die Menschen reagiere.« Und dann nimm dir die Zeit, dich selbst bewusster wahrzunehmen, ohne dich von der körperlichen Wahrnehmung überfluten zu lassen. Du fühlst Unruhe oder Angst. Du spürst Anspannung. Du lässt alles da sein. Du versuchst nicht, das, was zu tun ist, schnell durchzuziehen oder das Herausfordernde an der Situation zu vermeiden. Du bist dir deiner selbst gewahr und steigst aus alten Mustern aus. Du nimmst wahr, was gerade passiert. Und tust, was zu tun ist: Du hältst den Vortrag. Du triffst deinen Datingpartner. Du steigst ins Flugzeug ein. Du probierst Neues aus. Und alles, was ist, darf währenddessen sein.

KLARHEIT GEWINNEN

Eine Krise führt alle Menschen zur gleichen Weggabelung: die Kreuzung der Wahl. Dort angekommen, liegt es an uns, ob wir uns als Opfer fühlen und damit rechnen, dass alles nur noch schlimmer wird auf unserem weiteren Weg. Oder ob wir Vertrauen in uns selbst entwickeln und daran glauben, dass sich alles zum Guten wenden wird.

Vertrauen zu entwickeln bedeutet, dass wir uns erlauben, selbstbestimmter zu denken und zu handeln. Wir haben den Mut, unserer Intuition auch dann zu folgen, wenn andere nicht davon überzeugt sind, dass wir auf unserem Weg weiterkommen. Das bedeutet, dass wir nach und nach mehr Selbstvertrauen in die eigenen Fähigkeiten entwickeln werden. Wir werden künstlerisch tätig, gehen neue Wege, sind kreativ und können sogar innovativ sein, wenn wir zulassen, alles da sein zu lassen, was sich durch uns ausdrücken möchte – ohne uns von der Meinung anderer Menschen abhängig zu machen. Wir glauben an uns selbst und die unendliche Weisheit, Kreativität und die Selbstheilungskräfte in uns. Wir wissen auch hier, dass alles, was ist, sein darf. Denn alles, was sein darf, bringt uns weiter. Unsere Selbstwirksamkeit inspiriert uns, eigene Lösungen zu finden. Sie fordert uns auf, ausgetretene Pfade zu verlassen und herauszufinden, was unsere eigenen Fähigkeiten und Bedürfnisse sind. Sie inspiriert uns dazu, an uns selbst zu glauben. Selbst dann, wenn uns alle anderen schon aufgegeben haben. Das bedeutet, dass wir uns mehr auf unsere eigenen Gedanken verlassen als auf die der anderen.

Impuls Nr. 47: Befreiung erfahren

So wie ein Elefant erst gezähmt werden muss, damit er dir dient, musst du lernen, deinen Geist zu erziehen. Dazu musst du dich aus der Fremdbestimmung befreien. Gemeint ist damit nicht zuletzt, sich aus der Abhängigkeit des Smartphones zu befreien. Ob du willst oder nicht, du wirst rund um die Uhr über das Smartphone manipuliert. Die Algorithmen kennen deine Vorlieben und Abneigungen. Dementsprechend beliefern sie dich mit Nachrichten. Und ob diese alle wahr sind, sei dahingestellt. Smartphones machen süchtig nach Nachrichten, nach dem Gefühl, durchzublicken oder wichtig zu sein. Mache dich frei davon, und folge wieder deiner Selbstwahrnehmung und deiner Selbstbestimmung.

So geht's

Beginne den Tag am besten gleich handyfrei. Nutze deshalb beispielsweise einen Radiowecker, um dich wecken zu lassen. Dann vermeidest du, gleich deine Mails zu checken oder Nachrichten zu schreiben. Du bleibst bei dir. Du kannst in Ruhe aufwachen und nur das. Richte dir außerdem handyfreie Zonen ein. Wie wär's generell mit Handyverbot im Schlafzimmer? Oder in der Küche? Oder im Bad? Menschen, die ihr Smartphone nicht mit ins Bett nehmen, schlafen besser. Auch du wirst ruhigere Nächte erleben, wenn du deinen Handykonsum herunterfährst.

Belohne dich dafür, wenn du mal länger offline bist. Gönn dir etwas Schönes. Etwas, was dich mehr mit deinem Körper und dem Leben verbindet. Dein Nervensystem wird dir dafür danken, weil es sich beruhigen kann, wenn es nicht permanent Reizen ausgesetzt ist. Wenn es dir gelingt, dir jeden Tag Auszeiten zu nehmen, in denen du dich frei machst von sozialen Medien und äußeren Einflüssen, wirst du leicht in deine eigene Mitte zurückfinden.

ERKENNEN, WORAUF ES WIRKLICH ANKOMMT

Hören wir auf, ständig aufs Smartphone zu starren, leiden wir nicht länger unter dem Gefühl, von meist negativen Nachrichten überflutet zu werden oder etwas zu verpassen. Dann laufen wir unserem eigenen Leben auch nicht mehr hinterher. Denn weil wir uns nicht länger von dem Gefühl, dass uns die Zeit zwischen den Fingern zerrinnt, beirren lassen, entwickeln wir automatisch mehr Ruhe und Gelassenheit. Wir sind präsenter. Wir sind achtsamer. Wir hören auf, jemand anderes sein zu wollen, als wir sind. Wir hören auch auf zu glauben, dass wir erst etwas leisten müssen, bevor wir eine Daseinsberechtigung haben. Wir lassen zu, dass wir gut sind, so wie wir sind. Es braucht allerdings Mut, sich selbst so zu begegnen, wie wir sind. Um vollkommen wir selbst zu sein, müssen wir uns auch aushalten, so wie wir sind. Mit allem, was ist. Fühlen wir uns zum

Beispiel verkannt, übersehen, falsch verstanden, wütend, traurig, ängstlich oder verletzt, bedeutet das, dass wir die entsprechenden Gefühle nicht mehr verdrängen oder unterdrücken. Wir nehmen sie vollkommen zu uns und fühlen sie.

Manche Menschen haben so große Angst vor ihren eigenen Gefühlen, dass sie ihren ganzen Körper anspannen, um sie nicht wahrnehmen zu müssen. Oder ihnen wird schlecht, sobald sie mit ihrer Wut oder ihrer Einsamkeit konfrontiert werden – und so vermeiden sie die Gefühle, weil sie so schmerzhaft sind. Ja, sie bringen uns in Kontakt mit unserer Verletzlichkeit. Und die wollen die wenigsten Menschen wirklich spüren. Doch gelingt es uns, uns unmittelbar für das zu öffnen, was und wer wir sind, gewinnen wir an innerer Freiheit.

DU BIST STÄRKER, ALS DU DENKST

Innere Freiheit bedeutet auch, sich von gesellschaftlichen Normen zu befreien. Sie gibt uns vor, wann wir alt sind, wann wir schön sind, wann wir erfolgreich sind. Was tust du, wenn du diesen Normen nicht (mehr) entsprichst? Was tust du, wenn du zu alt bist, um weiter als Balletttänzer in einem Ensemble zu tanzen? Oder wenn dich ein Unfall dazu zwingt, das hinter dir zu lassen, was du aus ganzem Herzen geliebt hast, weil es für dich keine Arbeit, sondern die reine Berufung war? Fühlst du dich dann vom Leben verraten, weil du nicht mehr auf der Höher-weiter-besser-

Schiene mitfahren kannst? Oder nutzt du diese Gelegenheit als Chance?

Was tun, wenn alles zusammenbricht? Diese Frage müssen sich immer wieder Menschen stellen, die zum Beispiel als Fußballspieler eine Knieverletzung haben und nie mehr spielen können. Viele Menschen werden schonungslos vom Leben dazu gezwungen, die eigene Passion aufzugeben. Wenn uns das passiert, müssen wir zuerst durch ein Tal der Tränen gehen und tiefe Resignation und Trauer erfahren, bevor wir uns dafür öffnen können, dass möglicherweise noch ganz andere Talente in uns schlummern.

Impuls Nr. 48: Einen neuen Sinn finden

Nutze die Talsohlen des Lebens dafür, dich mit dem ständigen Wandel in allem anzufreunden. Sieh eine solche Zeit als deine persönliche Chance an. Wenn du nach einer Talsohle erkennst, dass es unzählige Ausdrucksformen gibt, dann können sich manchmal ganz ungeahnte neue Türen öffnen.

So geht's

Einige Schamanen nordamerikanischer Lakota haben eine wunderbare Weise, Menschen zu begegnen, die den Sinn in ihrem Leben verloren haben oder ihrer eigentlichen Berufung nicht mehr nachgehen können. Sie stellen ihnen folgende vier Fragen:

- Wann hast du das letzte Mal aus ganzem Herzen gelacht?
- Wann haben erzählte Geschichten ihren Zauber für dich verloren?
- Wie lange ist es her, dass du auf dein Herz gehört hast?
- Wann hast du das letzte Mal die Zeit vergessen, als du in der Natur warst?

Die Antworten, ganz ehrlich dir selbst gegenüber, können zu Wegweisern in ein erfülltes Leben werden. Ein Leben, in dem du dich wieder traust, querzudenken und frei zu handeln. Vielleicht hast du den Weg des Herzens irgendwann verloren, weil dir etwas wichtiger oder bedeutsamer erschien. Vielleicht hat das dazu geführt, dass du unwissentlich in einer Sackgasse gelandet bist. Jetzt bist du gefragt, die Wegweiser richtig zu deuten. Wenn du am Leben leidest, dann ist es an der Zeit, die Ursachen zu erforschen und Veränderungen vorzunehmen. Denn nur du selbst kannst den Weg deiner Seele erkennen und gehen. Das kann für dich kein anderer tun. Schließlich ist es dein Lebensweg, der von dir gegangen werden will. Erfüllt und freudig.

VOM ICH ZUM WIR

Die vier Fragen machen deutlich, dass es nicht darum geht, wie viel du geleistet oder verdient hast. Es ist nicht der materielle Besitz entscheidend, sondern innere Werte wie Liebe, Freude, Respekt, Selbstmitgefühl, Mut, Achtsamkeit, Verbundenheit, innerer Frieden, innere Freiheit sowie wirkliche Toleranz unseren Mitmenschen gegenüber.

Toleranz bedeutet, sich selbst über das eigene Sein zu definieren und genauso auch zu akzeptieren, dass andere möglicherweise eine andere Definition ihrer Person haben. Das ist allerdings eine große Herausforderung. Denn wo Neid, Missgunst und Konkurrenzdenken vorherrschen, besteht die Gefahr, andere kleinzumachen und sie auf ihre Unzulänglichkeiten und Schwächen zu reduzieren. Respekt, Achtung, Mitgefühl und Achtsamkeit sich selbst und anderen gegenüber zu haben will gelernt werden. Es zu kultivieren ist so, als wenn du einen Muskel trainieren oder ein Instrument spielen willst. Dieses Lernen braucht nicht nur die Stärkung dieser Werte, sondern auch einen mitfühlenden und kreativen Umgang mit all den inneren Kritikern und Störenfrieden, durch die wir selbst als Kinder oder Jugendliche so oft entmutigt wurden. Sie sind diejenigen, die dafür sorgen, dass wir mit Argwohn, Neid und Missgunst auf andere schauen.

Um innere Freiheit zu erfahren und Frieden zu schließen mit inneren Anteilen braucht es den Mut, etwas in unserem Leben zu verändern. Den Autopiloten auszustellen. Innezuhalten. Neue Wege zu gehen. Wenn es uns gelingt, innerlich frei zu werden, werden wir auch andere Menschen und anderen Meinungen akzeptieren. Wir beginnen, den anderen genauso achtsam zu sehen, wie wir uns selbst sehen. Denn schließlich ist es eines der wichtigsten Bedürfnisse von uns, gesehen, verstanden und geliebt zu werden. Wir brauchen das Gefühl, respektiert zu werden, so wie wir sind. Wir wollen geachtet werden für das, was wir denken und tun. Und wir wünschen uns, auf Interesse zu stoßen mit unseren Anliegen, Bedürfnissen und Visionen.

Das, was wir uns im tiefsten Herzen wünschen, wünschen sich auch alle anderen Menschen. Jeder möchte geliebt und respektiert werden. Wir alle wünschen uns, dass unsere Meinung geachtet wird und wir als Mensch ernst genommen werden. Schließlich definieren wir uns nicht nur über unseren materiellen Besitz oder unsere soziale Stellung, sondern auch über unsere Meinung. Häufig glauben wir, dass unser Wissen fundierter ist als das unserer Brüder und Schwestern, Freunde und Kollegen. Wir wollen so lange argumentieren, bis wir andere überzeugt haben. Diese Tendenz hat in den letzten Jahren sehr zugenommen und damit einhergehend wuchs eine Intoleranz gegenüber anderen Meinungen. Es ist richtiggehend aberwitzig, wenn wir bedenken, dass wir in Deutschland eine Bevölkerung von

82 Millionen Menschen sind und zum Thema Coronakrise nur eine einzige Meinung als richtig galt. Mit etwas Abstand betrachtet ist so eine Einseitigkeit nicht nur absurd, sondern auch gefährlich. Selbst vor der Pandemie war es zum Beispiel möglich, auf einer Tagung zum Thema Herzerkrankungen zehn verschiedene Heilansätze zu diskutieren.

Zorn, Gereiztheit, Diffamierung, Ausschluss sind Hinweise darauf, dass wir unser Ich verteidigen. Zorn taucht auf, und wir halten es nicht aus. Wir glauben erst dann glücklich sein zu können, wenn dieser Mensch mit der anderen Meinung nicht mehr da ist oder wenn er unsere Meinung annimmt. Warum aber können wir nicht auch andere Meinungen und damit einhergehend auch andere Religionen da sein lassen? Ist es nicht gerade diese Vielfältigkeit, die das Leben bunt, spannend und interessant macht?

WEISHEITSGESCHICHTE:
Was ist die Wahrheit?

Ein junger selbstbewusster Mann, der den besten Abschluss an der Uni gemacht hatte, wurde zu einem Experiment eingeladen. Man erzählte ihm, dass er ausgewählt worden war, mit zehn Mitarbeitern eines Unternehmens, für das er sich interessierte, einen Test zu machen, in dem man seine Kompetenz noch einmal prüfen wollte. Ein Psychologe führte ihn in einen Raum, in dem sieben Streichhölzer auf einem Tisch aufgereiht nebeneinanderlagen. Sie alle lagen in einer Linie, nur das dritte von links lag gute drei Millimeter nach unten versetzt. Ein Psychologe fragte den Mann, was er sehen würde. Der Absolvent beschrieb, was er sah, und freute sich, weil er die Aufgabe so einfach fand. Der Psychologe bedankte sich mit einem Stirnrunzeln. Nach und nach kamen die zehn Mitarbeiter herein. Der Psychologe fragte auch sie. Einer nach dem anderen sagte, dass die Streichhölzer alle in einer Reihe liegen würden. Der Psychologe strahlte einen nach dem anderen an und bestätigte ihre Antwort. Am Ende des Experiments verließ einer nach dem anderen den Raum. Als der Absolvent sehr verunsichert aufstand, sprach der Psychologe ihn noch einmal an und sagte: »Wollen Sie vielleicht auch noch einmal genau hinschauen, was Sie hier sehen?« Der Absolvent ließ sich Zeit und sagte dann: »Ich habe mich tatsächlich geirrt und sehe jetzt erst, dass alle Streichhölzer in einer Reihe liegen.«

Diese Weisheitsgeschichte ist ein reales psychologisches Experiment. Es gibt zahlreiche Versuche in dieser Art. Sie alle belegen, dass Menschen die Tendenz haben, sich mit ihrer Meinung anzupassen, wenn etwas in ihrem Leben davon abhängt. So konnte ich auch in der Pandemie beobachten, dass es Menschen gab, die ihre Meinung nicht mehr frei geäußert haben, weil sie Angst hatten, in eine »rechte Ecke« geschoben zu werden. Eine traurige Entwicklung. Sie macht deutlich, dass gesellschaftlich gerade eine sehr ungute Dynamik droht. Die Rhetorik, die Wortwahl wird schärfer, die Kommunikation miteinander ist abgebrochen, viele Herzen sind gebrochen. Umso mehr sind wir aufgefordert, in die eigene Wahrnehmung zu vertrauen und dem eigenen Herzen zu folgen. Denn nur weil zehn Menschen etwas einhellig bestätigen, heißt das noch lange nicht, dass es der Realität entspricht.

Impuls Nr. 49: Deine Meinung ist nur eine Meinung

Versuche dich für die Idee zu öffnen, dass deine Meinung eine Meinung von vielen ist. Es gibt nicht die eine Wahrheit. Es gibt viele verschiedene Ansichten. Öffne dich dafür, dass sich andere Menschen genauso wünschen wie du selbst, dass sie mit ihrer Meinung da sein dürfen.

So geht's

Achte die nächsten Tage darauf, wie du körperlich darauf reagierst, wenn jemand nicht die gleiche Meinung vertritt wie du. Versuche, dieses Gefühl bewusst wahrzunehmen als etwas, was dir zeigen will, dass du gerade eng und intolerant bist. Versuche weiter, deinen Atem tiefer werden zu lassen und Weite in dein Herz hineinzuatmen, während der andere Mensch seine Meinung vertritt. Sage dir innerlich: »Alles, was ist, darf sein. Auch eine andere Meinung.«

Wenn es uns gelingt, über unser Ich hinwegzuschauen und zu erkennen, dass alles miteinander verbunden ist, dann wird das Leben leichter. Wenn wir verschiedene Meinungen da sein lassen können, wird das Leben auch bunter.

Es kann aber auch andersherum gehen: Manchmal werden wir mit Situationen konfrontiert, in denen wir uns auf die Meinung anderer verlassen. Manchmal zu schnell. Es ist gut, die Ansicht eines anderen Menschen da sein zu lassen, aber zugleich ist es gut, wenn wir sie nicht als in Stein gemeißelte Wahrheit akzeptieren. Besonders dann nicht, wenn es um unser eigenes Leben geht. Die folgende Weisheitsgeschichte macht deutlich, dass es Situationen gibt, in denen es eher hinderlich ist, wenn ein Experte ein Urteil fällt.

WEISHEITSGESCHICHTE:
So viele Meinungen wie Sterne

Es gab einmal einen Virologen, der das Gefühl hatte, dass nur seine Erkenntnisse über die Herkunft und Verbreitung eines bestimmten Virus wahr sei. Jede Nacht aber träumte er davon, dass es einen Menschen gab, der auf dem Land lebte und noch mehr darüber wusste als er. Deshalb zog er los und machte sich auf die Suche nach diesem Menschen. So zog er von Gegend zu Gegend, um dort diesen wirklich Weisen zu finden, der ihm intellektuell gewachsen war. Überall verwickelte er die klügsten Köpfe in philosophische Gespräche, aber nirgends hatte er das Gefühl, wirklich befriedigende Antworten zu erhalten.

Eines Tages kam er in ein Dorf, und dort fand er einen Bauern, von dem er nicht wusste, dass er ein Bauer war. Er hielt ihn für den Dorfweisen. Deshalb stellte der Akademiker ihm folgende Fragen: »Wo liegt der Mittelpunkt der Erde?« Daraufhin antwortete der Bauer etwas verwundert über eine solche Frage: »Der Mittelpunkt der Erde ist dort, wo mein Esel mit dem Huf auftritt.« Der Mann war sichtlich beeindruckt von dieser Antwort und fragte weiter: »Kannst du mir beweisen, was du da behauptest?« Der Bauer antwortete: »Wenn du mir nicht glaubst, dann nimm ein Maßband und miss selbst!« Der Akademiker bekam Spaß an der Diskussion und fragte weiter: »Wie viele Sterne stehen am Himmel?« »Ebenso viele, wie das Fell meines Esels Haare hat.« Und ohne die Antwort des Akademikers abzuwarten, fügte er hinzu: »Wenn du einen Beweis brauchst, dann zähl sie doch. Dann wird man sehen, ob ich recht habe.«

Nun stellte der Akademiker seine dritte Frage: »Wie viele Wege menschlicher Erkenntnis gibt es?« Der Bauer war erneut erstaunt

über die Frage und antwortete: »Die Antwort ist einfach! Ihre Zahl ist die gleiche wie die der Haare auf deinem Kopf. Wenn du aber an meinen Worten zweifelst, dann reiß dir ein Haar nach dem anderen aus und zähle sie. Willst du es aber ganz genau wissen, dann kannst du auch noch deine Barthaare hinzunehmen und jedes einzelne zählen. Es sind genauso viele, wie es Wege der Erkenntnis gibt.«
Zum ersten Mal war der Akademiker zufrieden und hatte das Gefühl, einem wirklich Weisen begegnet zu sein. Und er sah ein, dass auch seine Sicht auf den Virus nur eine von vielen möglichen war.

TRIGGER ERKENNEN

Mit einem Menschen in ein Gespräch zu gehen, der eine andere und unseren Werten gegensätzliche Meinung hat, erfordert Achtsamkeit, Mut und Offenheit. Besonders dann, wenn der Dialog emotional aufgeladen ist. Es ist eine große Kunst, die eigene Meinung respektvoll zum Ausdruck zu bringen, ohne Fronten zu bilden oder ausgrenzend zu werden – vor allem wenn die Meinung unseres Gegenübers von der Norm abweicht. Hinter jeder Meinung steckt eine persönliche Geschichte. Deshalb sollten wir uns mehr für die Geschichten interessieren, die zu dieser Meinung geführt haben, bevor wir sie verurteilen. Wir können und müssen lernen, offen und achtsam in ein Gespräch zu gehen, in dem es unterschiedliche Meinungen geben darf.

Impuls Nr. 50: Vier Schritte zu einem konstruktiven Gespräch

Um mit einem Menschen in ein konstruktives Gespräch zu gehen, der eine andere Meinung hat als du, solltest du versuchen, innerlich einen Schritt zurückzutreten, falls dich die andere Meinung wütend macht, dich ärgert oder einfach Unverständnis in dir auslöst. Anstatt impulsiv zu reagieren, das Gespräch abzubrechen oder den anderen zu verurteilen, anzuklagen oder anzugreifen, halte erst einmal inne. Nimm einige bewusste Atemzüge. Und dann solltest du nicht länger auf den anderen schauen, sondern dich fragen: »Was genau triggert mich?« oder »Wieso erzeugt das Gespräch Stress in mir?«. Wenn du diesen Fragen nachgehst, kann es gut sein, dass du erkennst, dass dein Gegenüber zwar etwas in dir auslöst, aber wenn du genauer hinschaust, wirst du auch sehen, dass er zwar der Auslöser, aber nicht die Ursache für den Stress, die Angst, die Wut oder eine andere Emotion ist.

Versuche, dir auch bewusst zu machen, dass deine Argumente bei deinem Gesprächspartner möglicherweise genauso viele schwierige Gefühle auslösen wie bei dir. Wenn du daraufhin mit dem entsprechenden Respekt auf dein Gegenüber zugehst, kann wahre Begegnung stattfinden.

Mach dir auch bewusst, dass sich dein Gesprächspartner ebenfalls wünscht, dass seine Meinung respektiert wird. Er hat das gleiche Bedürfnis wie du, ernst genommen, gesehen und verstanden zu werden. Versuche also, dem anderen bedingungslos zuzuhören, ohne ihn überzeugen zu wollen. Durch ehrliches und offenes Zuhören können wir Brücken bauen.

So geht's

Mit den folgenden vier Schritten kannst du einen konstruktiven Dialog führen. Sie helfen dir, im Geist weit zu werden und das Herz offen zu halten.

1. Wenn du merkst, dass schwierige Emotionen auftauchen, geh innerlich einen Schritt zurück in die Position des inneren Beobachters. Der schaut einfach nur wertfrei und neutral zu. Er besitzt die Fähigkeit, alles da sein zu lassen. Auch andere Meinungen. Achte darauf, dass du nicht bewertest! Begriffe wie »jedes Mal«, »immer«, »aber«, »nie«, »jemals« sind Verallgemeinerungen und eher abwertend. Und es kann durch sie passieren, dass du spannende und informative Absichten deines Gegenübers übersiehst.
2. Nimm deine Gefühle wahr und verbalisiere sie. Wichtig ist, dass du deine Gedanken nicht als Gefühle vermittelst, wie beispielsweise: »Ich habe das Gefühl, dass du es doch eigentlich wissen müsstest.«
3. Nimm deine eigenen Bedürfnisse wahr, und übernimm Verantwortung für deine Gefühle, Wünsche und Ansichten. Mach dir bewusst, dass das, was dein Gegenüber sagt oder tut, zwar der Auslöser für bestimmte

Gefühle sein kann. Aber denke daran, dass sie niemals die Ursache sind. Die liegt häufig viele Jahre zurück.

4. Versuche zu erreichen, dass das Gespräch oder der Austausch dein Leben bereichert. Suche nach Formulierungen, die zum Ausdruck bringen, was dir am Herzen liegt, anstatt den Fokus auf das zu halten, was dich nervt, wütend macht oder stört.

Bei dieser Übung geht es insbesondere darum, dass du deine eigene Einstellung gegenüber einer anderen Meinung überprüfst. Wenn es dir gelingt, deine eigenen Muster zu erkennen und achtsam, offen und kritisch zu hinterfragen und alles, was dich nicht stärkt, zu ändern, wird dir eine respektvolle Kommunikation gelingen. Dann können andere Meinungen deinen Horizont auch erweitern und dein Leben bereichern.

GELASSEN ÄLTER WERDEN

Alles verändert sich. Auch wir selbst. Irgendwann erkennen wir, dass wir nicht mehr die Kraft haben wie mit zwanzig oder vierzig. Wir werden langsamer, und irgendwann sehen wir im Spiegel unweigerlich, dass das Leben Spuren hinterlassen hat. Junge Menschen geben uns plötzlich das Gefühl, alt zu sein. Eine Eigenschaft, die in unserer Gesellschaft wenig Platz hat. Dabei kann Älterwerden auch etwas sehr Schönes sein. Besonders dann, wenn wir bereits sinnerfüllte Jahrzehnte hinter uns haben.

Das Wichtigste an diesem Prozess ist, dass wir nichts bereuen. Dass wir nicht das Gefühl haben, Zeit verloren oder vertan zu haben. Auch deshalb ist das Jetzt so bedeutsam. Wenn wir ganz präsent im Hier und Jetzt sind, werden wir mit dem Älterwerden kaum Probleme haben. Geben wir uns vollkommen dem Prozess des Lebens hin, erkennen wir, dass alle irgendwann älter werden. Auch wir werden älter und alt. Und wir tun gut daran, auch das da sein zu lassen.

Aber was genau bedeutet es, »älter« zu werden. Ab dem sechzigsten Lebensjahr zählen wir zu den Senioren. Aber sind wir deswegen schon alt? Älterwerden ist so einzigartig und individuell wie wir. In Deutschland leben gut 24 Millionen Menschen, die zu den Senioren zählen. Trotzdem ist jede Lebensgeschichte einzigartig. Jeder Mensch blickt zurück auf einen einzigartigen Weg, der geprägt ist von Höhen und Tiefen. Die Erfahrungen, die wir auf unserem Lebensweg machen, sind so individuell wie die Verarbeitung von Schicksalsschlägen oder das Auskosten von Sternstunden, die uns geschenkt wurden. Auch die Übergänge, die uns in die unterschiedlichen Lebensabschnitte geführt haben, werden je nach Sozialisation und Kultur ganz unterschiedlich erlebt. Sie prägen das eigene Selbstverständnis ganz maßgeblich. Sie können auch großen Einfluss darauf haben, ob wir unser Leben ausschöpfen oder ob wir uns früh in vorgegebene Bahnen hineinpressen lassen und aus diesen auch nicht mehr herauskommen. Es kann auch einen großen Unterschied im Rückblick auf das eigene Leben machen, ob ein Mensch von liebevollen Eltern großgezogen wurde oder ob er schon früh auf sich selbst zurückgeworfen wurde.

Und natürlich wirkt sich auch unser Beruf auf unser Leben aus. Wenn ein Mensch das ganze Leben lang körperlich hart arbeiten musste, wird er im Alltag wahrscheinlich mehr mit körperlichen Problemen zu kämpfen haben, als wenn ein Mensch Sport treiben und sich kreativ und geistig entfalten konnte.

Immer wird der Rückblick auf das Leben ganz unterschiedlich ausfallen. Ein Mensch, der sich immer als Opfer der äußeren Umstände betrachtet hat, wird eine andere Bilanz ziehen als ein Mensch, der sein Leben selbst in die Hand genommen hat und »seines eigenen Glückes Schmied« war.

Sicher ist, dass uns heute immer noch zu wenige Vorbilder für das gute und positive Älterwerden zur Verfügung stehen. Wir leben in einer Gesellschaft, in der die Menschen so alt werden wie nie zuvor. Wir sind auch so gesund wie keine Generation vor uns. Und die heute Älteren und Alten sind auch die ersten Generationen, die erkennen, dass wir uns bis ans Ende unseres Lebens verändern können. Früher hieß es noch: »Was Hänschen nicht mehr lernt, lernt Hans nimmermehr.« Heute hingegen sagt man: »Neuronen, die zusammen feuern, verdrahten sich bis ins hohe Alter.« Damit ist auch gesagt, dass wir bis ins hohe Alter lernen können. Wir können daher bis zum letzten Atemzug Gestalterinnen und Gestalter unseres eigenen Alters werden. Ganz unabhängig davon, wie die äußeren Umstände sind.

Trotzdem beinhaltet das Älterwerden auch ein Abschiednehmen von gewissen Lebensphasen. Je nachdem, wie sehr wir uns mit ihnen identifiziert haben oder eben nicht, ist es für den einen leichter, davon Abschied zu nehmen, für den anderen schwerer. Wie bei allem besteht besonders in den sozialen Medien die Gefahr, das Älterwerden zu idealisieren. Von Verlagen werden einige sogenannte Granfluencerinnen gepusht, die genauso wie mache Granfluencer das Alter als die beste Zeit ihres Lebens beschreiben. Passender finde ich in diesem Zusammenhang die Aussage von Joachim Fuchsberger, der meinte, dass Altwerden nichts für Feiglinge ist.[3]

Wie jede Phase im Leben eines Menschen so hat auch diese Phase ihre Vorzüge und ihre Einschränkungen. Nichts zu beschönigen ist hier genauso wichtig, wie nicht in eine Altersdepression zu verfallen und das Gefühl zu haben, dass das Leben mit sechzig zu Ende ist. Gelassenheit ist eine der wichtigsten Eigenschaften, die wir im Alter entwickeln können. Vielleicht könnte man an dieser Stelle auch von Altersweisheit sprechen. Das hängt damit zusammen, dass Menschen mit zunehmendem Alter emotional stabiler werden und auch verträglicher. Das hängt damit zusammen, dass wir uns im Laufe unseres Lebens schon oft genug bewiesen haben, dass wir Krisen überstehen, Verluste überleben und mit schwierigen Emotionen besser umgehen können als mit zwanzig. Wir wissen, was wir können, und wir kennen auch unsere Schwächen. Wir wissen auch, wann wir unsicher und wann wir Herr oder Frau der Lage sind. Wir werden toleranter und können auch schon mal fünfe gerade sein lassen. Wir nehmen vieles nicht mehr so wichtig und konzentrieren uns stattdessen lieber auf das, was wirklich zählt im Leben. Wegen der unterschiedlichsten Täler und Berge, die wir im Laufe unsere Lebens durchschritten haben, können wir auf gelernte Verhaltensweisen zurückgreifen und haben Strategien, mit denen wir unseren Alltag besser meistern können oder zumindest konnten.

Der Psychologe Tobias Esch spricht von der sogenannten U-Kurve des Glücks.[4] Demnach nimmt die Zufriedenheit etwa ab dem fünfundfünfzigsten Lebensjahr bei den meisten Menschen zu. Wir fühlen uns angekommen und tendenziell glücklich. Wenn das Leben es gut mit uns gemeint hat, fühlen wir uns finanziell gehalten und im Familienverbund genährt. Menschen allerdings, die allein geblieben sind, in Armut leben oder mit psychischen oder körperlichen Problemen zu kämpfen haben, haben dieses Gefühl eher nicht. Wenngleich auch hier jedes Leben individuell betrachtet werden will. Je nach Ausrichtung kann es sein, dass Menschen mehr Zeit in ihre spirituelle Entwicklung gesteckt haben als in eine materielle Altersvorsorge. Diese Entwicklung, die mit dem Einüben zahlreicher Werkzeuge einhergeht, kann natürlich vor Altersdepression oder Gefühlen der Einsamkeit schützen.

Tendenziell aber haben Untersuchungen gezeigt, dass sich trotz objektiver Verschlechterung der Lebenssituation das subjektive Empfinden des Lebens verbessert und die Zufriedenheit steigt. Auch wenn der Körper schwächer und gebrechlicher wird, passen die Menschen ihre Erwartungen realer an gegebene Umstände an. Dies ist ein deutliches Zeichen dafür, dass wir uns im Alter nicht mehr alles beweisen müssen. Wir brauchen keine Mauern mehr einzurennen, stattdessen achten wir mehr darauf, mit den eigenen Kräften besser zu haushalten und sie entsprechend einzusetzen.

Allerdings ist die jetzige kollektive Situation für alle so neu und ungewohnt, dass auch viele ältere Menschen auf nie dagewesene Weise Angst vor Krieg oder Armut haben, so wie wir sie in unserer Gesellschaft fast alle noch nicht miterlebt haben. Die meisten Menschen, die den Zweiten Weltkrieg erfahren haben, sind mittlerweile verstorben. Wir sind somit die ersten Generationen, die mehr oder weniger im Paradies aufgewachsen sind, weil wir keine Hungersnöte und keinen Krieg erlebt haben.

Impuls Nr. 51: Dankbar sein

Wenn du bereits einige Jahrzehnte Lebenserfahrung gesammelt hast, wirst du wahrscheinlich im Rückblick viele Momente ausmachen können, in denen du dich gut gefühlt hast, genug zu essen und ein Dach über dem Kopf hattest. Vielleicht hast du auch schon erfüllte Liebesbeziehungen erlebt. Möglicherweise hast du Kinder geboren oder gezeugt, die dich glücklich machen. Vielleicht hast du eher ein Leben in der Einfachheit oder eines als Single geführt. Wie auch immer du gelebt hast bis zum heutigen Tag, am Ende kommt es nicht so sehr auf den materiellen Besitz an, sondern auf die Momente und Begegnungen, die uns tief in unserem Herzen berührt haben.

So geht's

Schau in einem Rückblick einmal auf Situationen und Begegnungen deines Lebens, die dich im Herzen berührt haben. Schreib einmal all die Momente auf, an die du dich gern zurückerinnerst. Es können auch kleine Begebenheiten gewesen sein. Nimm dir ruhig ein paar Tage Zeit für die Sammlung. Du wirst sehen, wie viele Momente es gegeben hat, die dich erfüllt haben.

Weiterführend kannst du die Übung so machen, dass du dir jeden Abend vor dem Schlafengehen Zeit nimmst, um dir zu überlegen, wofür du dankbar sein kannst. Eins dürfen wir dabei nicht vergessen: Wir leben immer noch in einer Gesellschaft des Überflusses. Uns geht es immer noch besser als den meisten anderen Menschen auf der Welt. Deshalb ist es gut, sich auch einmal bewusst zu machen, dass auch das, was wir für selbstverständlich halten, gar nicht selbstverständlich ist: ein warmes Zimmer mitten im Winter. Genügend Toilettenpapier. Wasser, um unseren Lieblingstee oder Kaffee zu kochen. Medikamente. Eine Brille. Eine Decke, die uns wärmt oder vor der Sonne schützt. Es gibt so viele Kleinigkeiten, die uns reich machen. Schreib sie auf und lass zu, dass dich das Gefühl der Dankbarkeit bei jeder einzelnen Sache durchströmt.

Im Buddhismus gibt es eine Praxis, die als Naikan bezeichnet wird. Sie fordert den Übenden auf, sich jeden Tag zweiundfünfzig Sachen bewusst zu machen, für die man dankbar ist. Solltest du die Dankbarkeitspraxis also noch um einen weiteren Aspekt vertiefen wollen, so kannst du jeden Abend nach zweiundfünfzig Dingen oder Begebenheiten suchen, die ein Gefühl von Dankbarkeit in dir wachrufen. Es sollten nicht jeden Tag die gleichen sein.

WEISHEITSGESCHICHTE:
Nur die anderen werden älter

Maria Maier war bereits mit sechzehn Jahren aus ihrem Heimatort weggezogen. Sie hatte in all den Jahren danach nie an den Klassentreffen ihrer Schule teilgenommen. Sie hatte auch bis auf eine Sandkastenfreundin keinen Kontakt zu ihren Mitschülern gehalten. Durch den Tod der Mutter war sie jetzt vermehrt in ihrer alten Heimatstadt, weil sie mit der Auflösung des Haushaltes beschäftigt war. An einem Tag bekam sie so akute Zahnschmerzen, dass sie sich genötigt sah, zum Zahnarzt zu gehen. Bei der Recherche nach einem Arzt sah sie im Internet einen alten Klassenkamerad wieder, der – so wusste sie von ihrer Freundin – ein guter Zahnarzt war. Sie meldete sich an und bekam zum Glück am gleichen Tag einen Termin. Als der gleichaltrige Mann hereinkam, schaute sie ihn an und dachte sich: »Oh, ist der alt geworden.« Der Arzt wiederum schaute auf ihren Anmeldebogen, sah ihr dann ins Gesicht und meinte: »Ist das ein Zufall? Ich hatte eine Maria in der Klasse. Sie sehen ihr sehr ähnlich. Sie könnten glatt ihre Mutter sein!«

BEIDE SEITEN DER MEDAILLE BETRACHTEN

Wenn wir nicht unter einer schweren Krankheit leiden, dann fühlen wir uns meist tendenziell jünger, als unser kalendarisches Alter anzeigt. Diese Tendenz bestätigen viele Menschen in meinem Umfeld und in meinen Kursen. Sie sind dann auch immer wieder etwas bestürzt, wenn ihnen im Bus ein Platz angeboten wird und jemand ihnen Hilfe anbieten möchte, obwohl sie sich selbst fit finden. Wir kommen nicht umhin, uns selbst damit konfrontieren zu müssen, dass wir älter werden und an Kraft und Spannung verlieren. Das kann sehr wehtun. Gleichzeitig ist es wichtig, diesen Schmerz da sein zu lassen und anzuerkennen, dass wir uns in einem Prozess befinden, den jedes Wesen durchläuft.

Auf der anderen Seite tun wir gut daran, rechtzeitig etwas für unser Alter zu tun. Sport, Yoga, Meditation und eine gesunde Ernährung sind keine Garanten dafür, dass wir jung bleiben. Aber sie können uns darin unterstützen, dass wir unserer Disposition entsprechend möglichst fit bleiben. Wir müssen uns keinen Extremen aussetzen, um uns selbst zu beweisen, wozu wir noch fähig sind. Genauso wie wir bei der Atmung die natürliche Atmung praktizieren, tun wir gut daran, uns Sportarten oder eine Yogapraxis zu suchen, die uns auf natürliche Weise unterstützt und uns dabei hilft, dehnbar und fit zu bleiben.

Es ist ein permanentes Abwägen beider Seiten: Wo wirke ich dem Alterungsprozess auf eine gesunde Weise entgegen, und wo gehe ich in ein Extrem? Dieses Abwägen kann wie immer nur jeder für sich allein entscheiden. Ein wichtiger Kompass sollte hier den Weg weisen: die Freude! Wir werden heute so viel älter als frühere Generationen. Jeder Tag, an dem es uns gut geht, ist ein geschenkter Tag. Und als solchen sollten wir ihn auch begreifen. Dinge verbissen und rigoros zu praktizieren, nur um fit und gesund zu bleiben, ist nicht wirklich förderlich. Die Freude ist bei dem, was wir tun, im Alter noch viel wichtiger, weil das Alter uns auch mit der eigenen Endlichkeit konfrontiert.

Impuls Nr. 52: Dem Alter ins Auge schauen

Du tust gut daran, dich rechtzeitig mit dem Alter auseinanderzusetzen und ihm in die Augen zu schauen. Auch wenn die heutige Zeit eine große Ungewissheit mit sich bringt und niemand wirklich weiß, wie alles weitergeht, so solltest du dir doch überlegen, wie du im Alter leben möchtest. Wir sind die Schöpferinnen und Schöpfer unseres eigenen Universums. Und da Aufmerksamkeit normalerweise die Energie lenkt, ist es sinnvoll, sich ein Leben im Alter vorzustellen, das dich inspiriert und mit Freude erfüllt. Je freudvoller du dir deine Zukunft im Alter ausmalst, desto größer ist die Chance, dass sie sich auch so gestalten wird.

Erwiesenermaßen fällt es den meisten Menschen im Alter schwer, sich auf Neues einzulassen. Deshalb ist es gut, sich immer wieder real mit Möglichkeiten auseinanderzusetzen und sie gegebenenfalls sogar schon in die Wege zu leiten.

So geht's

---

1. **Offen bleiben:** Du hast heutzutage eine Vielzahl an wunderbaren Entfaltungsmöglichkeiten. Wenn du offen bleibst, kannst du möglicherweise ganz neue Ideen für dein Alter entwickeln. Zum Glück gibt es heute viele Foren, auf denen sich Menschen mit ähnlichen Interessen zusammenschließen. Erkundige dich einmal, was

alles möglich ist. Sprich mit älteren Menschen, die eine positive Ausstrahlung haben. Frage sie, was ihnen geholfen hat, sich mit dem Älterwerden anzufreunden und es entsprechend zu gestalten. Informiere dich, welche Modelle für ein Wohnen im Alter möglich sind. Think out of the box! Trau dich. Dadurch, dass wir heute so viel älter werden und dabei aber auch jung bleiben, gibt es eine Vielzahl von kreativen Möglichkeiten, das eigene Alter bunt und abwechslungsreich zu erleben.

2. **Dein Gehirn trainieren:** Neuroplastizität ist ein Zauberwort, mit dem wir uns lange fit halten können. Wenn wir unser Gehirn regelmäßig fordern, sorgen wir dafür, dass es nicht abbaut. Mit dem Gehirn verhält es sich so wie mit einem Muskel: Damit der stark bleibt, müssen wir ihn regelmäßig trainieren. Am besten mit unterschiedlichsten Übungen. Koordinationsübungen, Sprachen lernen, ohne Navi Wege finden, Bücher lesen und Kreuzworträtsel lösen. All das sorgt dafür, dass deine grauen Zellen aktiv bleiben.
3. **Bewege dich regelmäßig:** Schwimmen, Radfahren, ein täglicher Spaziergang, Yoga – das sind alles Sportarten, die den Körper fit halten. Er wird dabei gedehnt, und die Muskulatur wird gestärkt. Die Knochen werden stabil gehalten und das Immunsystem trainiert. Auch eine regelmäßige Massage oder Körpertherapie kann dich dabei unterstützen, frei von Schmerzen zu bleiben. Achte aber auch auf deine Grenzen und darauf, dass dir das, was du tust, Spaß macht.

4. **Ernähre dich gesund:** Frisches Obst und Gemüse, Vitamine, Mineralien und Spurenelemente sind die Basis für ein gesundes und langes Leben. Genauso wichtig ist es, viel zu trinken.
5. **Pflege Kontakte:** Menschen, die auch im Alter soziale Kontakte pflegen, werden älter. Ein Austausch mit anderen Menschen hält jung, vertreibt Einsamkeit und stärkt das Gefühl von Verbundenheit. Besonders der Kontakt mit Jugendlichen ist inspirierend und kann das Gehirn auf ganz neue Weise fordern.
6. **Nutze die Heilkraft der Natur:** Die Natur hält zahlreiche Pflanzen für uns bereit, die uns darin unterstützen, auf natürliche Weise gesund zu bleiben. Je mehr wir uns in der Natur aufhalten und uns an ihr orientieren, desto weniger braucht es Medikamente aus der Schulmedizin. Diese haben häufig zahlreiche Nebenwirkungen und sind längst nicht so ganzheitlich ausgerichtet wie die Heilmittel, die aus der Natur kommen. Die Natur ist auch an sich schon Medizin. Ein Waldbad kann genauso guttun wie ein Spaziergang in einem Park, eine Bergwanderung oder ein Bad im See.
7. **Entspanne dich so oft wie möglich:** Je gestresster wir sind, desto schneller altern wir. Deshalb ist Entspannung im Alter noch einmal viel wichtiger. Genieße den Moment.

Wenn wir die Vergänglichkeit ins Bewusstsein nehmen, leben wir leichter – und auch achtsamer. Dies zeigen gegenwärtige Forschungen. Aber auch Buddha wusste, wie wichtig es ist, sich dessen bewusst zu sein.

WEISHEITSGESCHICHTE:
Kisa und der Tod

Als Buddha noch lebte und seine Belehrungen an die Menschen weitergab, kam er einmal in ein Dorf, in dem Kisa lebte. Kisa war glücklich verheiratet und hatte zusammen mit ihrem Mann einen Sohn, den beide sehr liebten. Als der Junge zweieinhalb Jahre alt war, erkrankte er plötzlich und starb nach nur wenigen Tagen. Kisas Welt brach von einem Moment auf den nächsten zusammen.

Sie wollte es nicht wahrhaben, dass ihr Sohn, den sie über alles geliebt hatte, nicht weiterleben würde. Sie nahm seinen Körper auf den Arm, lief mit ihm durch das ganze Dorf und fragte überall, ob es irgendwo eine Medizin geben würde, die den Sohn wieder heilen könnte. So kam sie auch an dem Haus vorbei, an dem Buddha als Gast wohnte. Buddha schaute die Mutter mit tiefem Mitgefühl an. Er sagte zu ihr: »Ich werde dir gern helfen. Aber dafür brauche eine Handvoll Senfkörner.« Kita schaute ihn hoffnungsvoll an und sagte: »Ich werde alles tun, um dir deinen Wunsch zu erfüllen.«

Der Buddha schaute ihr in die Augen und meinte: »Das freut mich. Aber die Senfkörner müssen aus dem Haus einer Familie sein, in der noch niemand seinen Mann, seine Frau oder ein Kind verloren hat. Auch die Eltern müssen noch leben. Der Tod darf noch nicht zu Gast in diesem Haus gewesen sein, sonst entfalten die Senfkörner nicht die notwendige Wirkung.«

Die Mutter tat, wie Buddha ihr geheißen hatte, und ging von Haus zu Haus. Überall fragte sie nach Senfkörnern. Aber überall erhielt sie die gleiche Antwort: »Gern geben wir dir Senfkörner. Aber es gibt bei uns weniger Lebende als schon Verstorbene.« Jeder hatte bereits einen geliebten Menschen verloren: die Mutter, den Vater, einen Sohn oder eine Tochter, einen Partner. Sie hörte tragische Geschichten. Viele davon berührten ihr Herz. Nach und nach realisierte sie, dass es keinen Menschen gibt, der in seinem Leben von Verlust und Trauer verschont bleibt. Sie erkannte auch, dass sie nicht allein war. Durch diese Erkenntnisse wandelte sich ihre Trauer in Mitgefühl. Jetzt war sie in der Lage, sich von ihrem Sohn zu verabschieden. Sie erkannte auch, dass wir alle durch diese zutiefst menschliche Erfahrung miteinander verbunden sind.

Die Vergänglichkeit von allem, was existiert, spielte in Buddhas Lehrreden eine große Rolle. Er machte immer wieder darauf aufmerksam, dass alles Zusammengesetzte wieder zerfällt und wir gut daran tun, nicht an äußeren Dingen festzuhalten. Stattdessen empfiehlt er, den Fokus auf innere Werte zu richten und diese stärken und zu festigen. Je bewusster wir uns dessen sind, desto wertvoller wird das Leben und alles, was uns darin begegnet.

Ist es nicht so, dass die letzten Tage des Urlaubs die intensivsten sind, weil wir wissen, dass das Ende dieser Zeit bevorsteht? Wir genießen den Blick auf die Berge oder aufs Meer noch einmal besonders, weil wir genau wissen, dass wir ein paar Tage später wieder im Hamsterrad des grauen Alltags sind. Und sind nicht die Umarmungen und Küsse am intensivsten, wenn wir wissen, dass wir uns länger nicht sehen werden? Augenblicke des Abschieds führen uns die Vergänglichkeit vor Augen. Wir wissen nicht, ob wir einander noch einmal wiedersehen werden. Sie sorgen aber auch dafür, dass wir vollkommen präsent im gegenwärtigen Moment sind und jede Sekunde ganz bewusst genießen.

Trotzdem ist es für unseren Verstand sehr schwer, im Bewusstsein zu halten, dass unser Leben ein Ablaufdatum hat. Jeder wird irgendwann eine endgültige Veränderung erfahren: Wir verlassen unseren physischen Körper und gehen in eine andere Dimension über. Und spätestens dann, wenn wir uns diese eigene Sterblichkeit vor Augen halten, kommen wir nicht umhin, uns die Frage zu stellen: Wer stirbt?

WER BIN ICH?

Früher oder später kommen wir in unserem Leben an den Punkt, an dem wir uns mit dieser existenziellen Frage beschäftigen. Auch das darf sein. Haben wir uns lange mit unserer beruflichen Rolle identifiziert, kann es sehr schmerzlich sein, in Rente zu gehen. Wir verlieren Macht und Ansehen. Oder aber wir haben niemanden mehr, der uns vorschreibt, was wir zu tun haben. Damit fällt auch häufig jemand weg, dem wir die Schuld für unsere schlechte Laune geben können oder den wir für unsere Unzufriedenheit verantwortlich machen können. Hier kann das Älterwerden eine große Herausforderung sein. Betrachten wir uns auch in den späten Jahren rückblickend noch als Opfer äußerer Umstände, kann das Altwerden bitter sein. Versöhnen wir uns hingegen mit dem, was wir aus unserem Leben gemacht haben, fällt es uns leicht, und die beschriebene Gelassenheit stellt sich ein.

Auch als Eltern werden wir irgendwann mit der Frage konfrontiert: Wer bin ich, wenn die Kinder das Haus verlassen? Was ist meine Aufgabe, wenn es niemanden mehr gibt, den ich erziehen darf und um den ich mich kümmern kann? Auch der Tod eines Ehepartners, mit dem wir viele Jahre verbracht haben, kann uns in eine große Identitätskrise stürzen. Besonders dann, wenn wir diesen anderen Menschen als »unsere bessere Hälfte« bezeichnet haben.

Wer sind wir, wenn all die Rollen wegfallen, mit denen wir uns so lange identifiziert haben? Und wer werden wir sein, wenn wir sterben? Was bleibt von uns? Dieses Loslassen von alten Identifikationen kann eine große Befreiung bedeuten. Es kann uns in Kontakt bringen mit etwas in uns, was größer ist als unser Ich, Mein, Mir. Etwas, was weiterexistiert, wenn wir sterben. Es geht darum, hinter die Rollen zu schauen. Hinter die Person, die wir zu sein glauben.

BEWUSSTSEIN ERFORSCHEN

Beschäftigen wir uns mit den verschiedenen Ebenen des Bewusstseins, erkennen wir, dass der Urgrund, die Essenz unseres Bewusstseins klar, rein und unsterblich ist. Wir können die Erfahrung dessen zufällig machen. Dann spricht man von Gnade. Wir können uns aber auch gezielt an die Erforschung des reinen Bewusstseins machen. Das ist möglich, wenn wir uns nicht länger mit den Geschichten identifizieren. Denn wenn wir stattdessen den Blick auf den klaren Raum des Bewusstseins lenken, erkennen wir, dass wir weit und offen sind.

Die westliche Psychologie unterscheidet sich hier ganz klar von der östlichen Psychologie und Spiritualität. Im Westen beschäftigt sich die Wissenschaft primär mit den Inhalten der Gedanken. In der buddhistischen Psychologie hingegen besteht das Ziel darin, den reinen, klaren Raum des Bewusstseins zu erfahren. Dieser ist viel tiefer, weiser und umfassender als unser biografisches Ich, das mit unserem physischen Tod stirbt.

In den letzten Jahren findet zum Glück eine hoffnungsvolle Entwicklung statt. Die westliche und östliche Psychologie arbeiten mehr Hand in Hand und erforschen die verschiedenen Facetten des Bewusstseins gemeinsam. Die Transpersonale Psychologie hat hier im letzten Jahrhundert bereits wichtige Pionierarbeit geleistet. Auch der Dalai Lama hat zusammen mit Matthieu Ricard, Thich Nhat Hanh und anderen buddhistischen Mönchen maßgeblich dazu beigetragen, dass die verschiedenen Facetten des Bewusstseins, die durch tiefe Meditationserfahrungen erforscht werden können, ernst genommen werden.

Die buddhistische Psychologie richtet ihren Fokus auf zwei verschiedene Aspekte des Bewusstseins: zum einen das klare, reine und offene Bewusstsein. Das ist seiner Qualität nach offen, rein, zeitlos, unbegrenzt, rein und unsterblich. Dieser Teil wird auch gern als unsere Buddhanatur oder unser Edler Kern bezeichnet. Der andere Aspekt des Bewusstseins ist das episodische, unklare Bewusstsein. Dies hängt unmittelbar von der aktuellen Situation ab und wird von den Emotionen, Gedanken, Erfahrungen und so weiter, die in diesem Moment auftauchen, beeinflusst. Es ist bedingt und flüchtig und hängt immer unmittelbar von der jeweiligen Erfahrung ab. Wir halten es für unser Ich und identifizieren uns damit. Obwohl auch die einzelnen Erfahrungen flüchtig sind, halten wir unser Ich für statisch.

Das episodische Bewusstsein wird in 121 unterschiedliche Zustände unterteilt, die weit, eng, ängstlich, freudvoll, traurig, aufgeregt und so weiter sein können. Während die meisten Menschen zeit ihres Lebens mit dem episodischen Bewusstsein identifiziert sind, geht es im Buddhismus darum, das klare Bewusstsein zu erfahren. Wenn es uns gelingt, uns bereits zu Lebzeiten damit zu verbinden, wird unser Leben und auch unser Sterben einfacher. Es ist das klare Bewusstsein, das die Erfahrungen macht und sich nicht an Gedanken, Gefühlen und Körperempfindungen festhält. Es ist das, was weiß. Es ist das, was frei ist von allem. Es ist das, was einfach ist. Es ist das, was weiterleben wird, wenn wir sterben. Wir können diesen Aspekt durch Gnade erfahren, uns ihm durch die regelmäßige Meditation immer mehr annähern und schließlich aus ihm heraus leben. Trotzdem ist und bleibt es ein Mysterium, das wir mit dem Verstand nicht erfassen können. Auch das darf sein, etwas, was so groß, so klar und so rein ist, dass wir es nicht verstehen können. Dieser Aspekt in uns wird auch gern mit dem Horizont verglichen. Egal, wie sehr es stürmt oder regnet: Der Himmel selbst bleibt unberührt von den Wettererscheinungen. Er bleibt rein und klar.

Impuls Nr. 53: Achtsamkeit umlenken

Wende dich dem reinen, klaren Bewusstsein in dir zu, anstatt dich mit den Inhalten deiner Gedanken, Gefühle und Körperempfindungen zu identifizieren. Dann wirst du früher oder später die direkte Erkenntnis haben, dass du zwar körperliche Erfahrungen machst, sie aber flüchtig sind und nicht deine letzte Wahrheit darstellen. Das Gleiche gilt für Gefühle oder Gedanken. Hör auf, dich in den Geschichten zu verlieren, die zu den Bewusstseinsinhalten gehören. Schau lieber auf die Weite des Bewusstseins.

So geht's

Komm in eine aufrechte und bequeme Sitzhaltung. Lass dir Zeit, dich hier niederzulassen. Lass alle Identifikation mit Inhalten los. Las einfach los. Auch wenn du diese Aufforderung mit dem Verstand nicht nachvollziehen kannst, so kannst du die Bereitschaft entwickeln loszulassen. Richte dann deine Aufmerksamkeit auf die innere Weite deines Bewusstseins. Weg von den Inhalten. Weg von Ich, Mein, Mir. Lass alle Identifikationen los. Nimm wahr, dass du zwar Erfahrungen machst, aber sie alle letztendlich vergänglich sind. Bildlich gesprochen: Schau auf den Himmel selbst und nicht länger auf die Wolken. Auch dann, wenn viele Wolken am Himmel zu sehen sind. Schau hinter die Wolken. Genauso verhält es sich mit deinen Gedanken, Gefühlen und Körperempfindungen: Schau hinter all diese Erfahrungen. Du machst all diese Erfahrungen, aber sie sind nicht deine letzte Wirklichkeit.

Sobald sich das Ich einschleicht, lass es wieder los. Immer und immer wieder loslassen. Selbst dann, wenn es dir nur für ein paar Sekunden gelingt, den Raum zwischen den Gedanken, Gefühlen oder Körperempfindungen zu erfahren. Öffne dich für diese Erfahrung. Versuche, wach und präsent zu sein. Nimm wahr, wie dein Geist arbeitet. Befreie dich aus der Klammer der Gedanken und Gefühle. Achte darauf, worauf dein Kopf reagiert. Und lenke deine Aufmerksamkeit immer und immer wieder weg von den Inhalten der Erfahrung hin zum Bewusstsein selbst.

Versuche, immer mehr einen Geist zu entwickeln, der so offen ist wie der Himmel oder wie ein offener Raum, in dem alle Erfahrungen geschehen können – die angenehmen und unangenehmen –, ohne dass daraus Geschichten, Konflikte oder Leid entstehen. Verweile in dieser inneren Weite. Ruhe in dieser Weite. Vertraue ihr. Sie ist dein wahres Zuhause.

Impuls Nr. 54: Die Vielschichtigkeit des Bewusstseins erfahren

Mach dir bewusst, dass es unendlich viele Facetten in deinem Geist gibt und dein Bewusstsein unendlich tief ist. Der Meditationslehrer Thich Nhat Hanh hat unseren Geist mit einem Fernseher verglichen, der Hunderte von Kanälen besitzt. Es liegt ganz allein an dir, welchen Kanal du einschaltest. Genauso verhält es sich mit dem Geist. Es liegt ganz allein an dir, worauf du deine Aufmerksamkeit ausrichtest.

So geht's

Komm in eine aufrechte Sitzhaltung. Lass dir Zeit, hier anzukommen. Konzentriere dich auf deine Atmung. Wenn Gedanken, Gefühle oder Körperempfindungen auftauchen, mach dir bewusst, dass es sich bei ihnen lediglich um Erscheinungen in deinem Geist handelt. So als würdest du gerade eine Radiofrequenz empfangen. Welcher Sender läuft da? Drama? Komödie? Romanze? Mach dir bewusst, dass du das Programm genauso umschalten kannst wie einen Sender im Radio. Probier es einfach aus. Und wenn du nichts hören möchtest, konzentriere dich ganz bewusst auf die Stille zwischen zwei Gedanken. Das ist sozusagen die Eingangstür in ein anderes Bewusstsein.

Unser Bewusstsein ist so vielschichtig, dass wir uns auch mit anderen Wesenheiten verbinden können. Dabei ist es egal, ob es der Geist eines Baumes ist, der eines Tieres oder eines feinstofflichen Wesens. Auch das darf sein. Öffne dich dafür, dass wir so vielschichtig und multidimensional sind, dass alles darin Platz hat. Auch das, was wir mit unseren Augen nicht sehen können. Und auch das, was wir über den Verstand nicht fassen können. Auch das darf sein: all das, was wir nicht verstehen, sondern nur mit dem Herzen erfahren können.

WEISHEITSGESCHICHTE:

Der Besuch der Engel

Claudia war mit einem Arzt verheiratet, der nur an das glaubte, was er mit seinen Augen sah. Oder aber das, was die Wissenschaft als richtig und verifiziert anerkannte. Als der Vater von Claudias Mann Frank starb, begleitete er ihn. Nachdem der Vater seinen letzten Herzschlag getan hatte, verließ Frank kurz das Zimmer, um nach seiner Frau zu rufen, die sich hingelegt hatte. Als er zurück in das Schlafzimmer kam, standen zwei Engel am Bett des Vaters: Sie holten ihn ab. Für Frank war diese Erfahrung so überwältigend, dass sein ganzes Weltbild ins Wanken geriet. Er erkannte, dass es scheinbar doch viel mehr gibt als das, was die Wissenschaft uns vermittelt.

Ja zum letzten Ausatem

Wir atmen ein. Wir atmen aus. Wir beginnen unser Leben mit einem ersten Atemzug, und es endet mit einem letzten Ausatmen. Wir wissen nicht, wie viele Atemzüge wir noch tun werden. Im Yoga sagt man, dass jedem Menschen eine bestimmte Anzahl an Atemzügen zu Verfügung stehen. Ist diese verbraucht, stirbt der Mensch. Wie viele Atemzüge magst du noch machen können, bevor nach einem Ausatem kein Einatem mehr folgt? Du weißt es nicht. Selbst ein Arzt kann es dir nicht sagen und noch weniger versprechen, wie lange du noch hier sein wirst. Dieses Buch begann mit einem Kapitel über den bewussten Atem und einer Hinwendung zum Leben. Und es endet mit einem Kapitel über den letzten Ausatem und den Tod.

Machen wir uns bewusst, dass der Atem ein wichtiges Bindeglied zwischen Leben und Tod ist, zwischen Bewusstsein und Unterbewusstsein, zwischen Licht und Schatten, kann er uns helfen, die Zeit, die uns hier bleibt, so bewusst wie möglich zu leben. Wann wir dann gehen müssen, bleibt wohl das größte Mysterium unseres Leben. Egal, wie vorsichtig wir sind, ist unsere Zeit gekommen, holt uns der Tod.

WEISHEITSGESCHICHTE:

Wenn die Zeit gekommen ist

Sebastian lebte während der Coronakrise sehr zurückgezogen mit seiner Freundin bei deren Mutter. Sie hatten monatelang kaum Kontakt zu anderen Menschen, weil sie so große Angst davor hatten, sich mit Corona anzustecken. Wie durch ein Wunder infizierte sich Sebastian dennoch mit dem Virus, und kurz darauf starb er in einem Krankenhaus daran. Sein Bruder Thomas war während der ganzen Coronakrise sehr viel von Menschen umgeben. Seine ganze Familie war irgendwann an dem Virus erkrankt, seine Frau und seine drei Kinder. Er hatte keine Angst vor Corona. Er ließ sich auch nicht impfen, weil er das Gefühl hatte, dass ihm das Virus nichts antun könne. Und so war es. Er pflegte seine Familie und auch Nachbarn gesund und machte sich keine Sorgen. Und das, obwohl sein Bruder an Corona gestorben war. Er wusste, dass seine Zeit noch nicht gekommen war. Warum der eine gehen muss, der andere bleiben kann, ist nie so leicht zu erklären.

JEDER HAT SEINE ZEIT

Auch Thomas wird irgendwann sterben. Wann und woran, wir wissen es nicht. Der Tod hat seine ganz eigene Logik. Für unseren Verstand scheint er willkürlich durch die Reihen der Menschen zu gehen und sich zu holen, wen er mag. Als Hinterbliebene bleiben wir mit einem gebrochenen Herzen zurück, sind verzweifelt und sprachlos. Wir suchen nach Erklärungen, warum ein glücklicher Vater mit drei kleinen Kindern sterben muss und eine alte, zornige Frau mit achtundneunzig Jahren noch immer ihr Umfeld tyrannisieren kann. Darf auch das sein? Ja. Weil alles, was ist, sein darf.

Auch der Tod. Diesem unkontrollierbaren Leben mit seinen widersprüchlichen Gesetzmäßigkeiten, Begegnungen und Lektionen können wir uns nur in Demut hingeben – und jeden Tag, an dem wir uns unserer selbst und unserer Gedanken und Handlungen bewusst sind, dankend annehmen und das Beste aus ihm machen. Kontrollieren werden wir das Leben niemals können. Wir sind und bleiben Teil dieses kosmischen Kreislaufs, dem wir uns nicht entziehen können. Selbst dann nicht, wenn manche glauben, mit dem sogenannten Transhumanismus den Menschen vollkommen kontrollieren zu können.

DEN EIGENEN TOD ANERKENNEN

Beim physischen Tod verlangsamt sich der Kreislauf, es folgt kein Einatem mehr, das Herz hört auf zu schlagen. Das Gehirn wird nicht mehr mit Sauerstoff versorgt. Sofern der Körper nicht verbrannt wird, beginnt er sehr schnell zu verfaulen. Schon nach wenigen Jahren sind nur noch einige Knochen übrig. Oder aber als Asche treten wir nach der Verbrennung in den Kreislauf des Lebens und Vergehens ein.

In diesem Prozess verhalten wir uns nicht anders als alle anderen Wesen, die geboren werden und sterben. Und trotzdem sagt unser Verstand: »Ich bin viel mehr wert! Ich bin die Krönung der Schöpfung! Ich denke, also bin ich! Ich kann das Leben kontrollieren! Ich kann Leben retten, verändern und beenden.« Ich. Ich. Ich! Der Verstand, das Ego, das Ich – wie immer wir diese Instanz nennen wollen, sie will nicht akzeptieren, dass wir das Leben nicht kontrollieren können.

Als das Coronavirus um die Welt ging, wurde mir bewusst, wie viel Angst die Menschen vor dem Tod haben. Es war nicht nur die Angst davor, auf einer Intensivstation zu liegen oder unter fürchterlichen Qualen zu sterben. Es war offensichtlich, dass es bei vielen auch die Angst vor dem Tod selbst war. Etwas war aufgetaucht, von dem sich plötzlich viele Menschen bedroht fühlten. Wir wurden mit etwas konfrontiert, das wir normalerweise nur allzu gern ausblenden. Dabei gibt es den Tod zu jeder Zeit und überall auf der Welt. Der Tod erreicht jeden von uns. Und er findet auch jeden. Egal, wo wir leben und wie wir leben. Egal, ob wir uns zu Hause einsperren lassen oder in großen Ansammlungen zusammenkommen. Egal, wie sehr wir uns für die Krone der Schöpfung halten. Wir sind Menschen, die dem Kreislauf des Kommens und Gehens unterliegen. Immer.

Im Umgang mit dem Tod gibt es einen wesentlichen Unterschied zwischen den Industrienationen und Völkern, die noch stärker eingebunden in die Natur leben. Bei uns wird der Tod ausgeblendet. Schlimmer noch: Wir wollen ihn überwinden. Wir wollen ewige Jugend, und am liebsten wollen wir vom eigenen Tod nichts mitbekommen. Wir möchten beim Sterben, wenn es denn sein muss, nach Möglichkeit nicht anwesend sein. Dabei ist es egal, ob es der eigene Tod ist oder der eines geliebten Menschen. Die wenigsten bekommen den Tod unmittelbar mit, es sei denn, sie arbeiten in Berufen, die mit ihm zu tun haben. Oder aber sie interessieren sich für Spiritualität und Religion.

Bei natürlicher lebenden Völkern hingegen ist es keine Seltenheit, dass der Kranke im Kreise der Familie oder des Dorfes stirbt. Während einer Reise auf der Insel Bali habe ich mehrere Verbrennungen mitbekommen. Sie waren nicht zu übersehen. In manchen Ethnien wird der Leichnam des Verstorbenen manchmal jahrelang im Haus der Familie aufbewahrt, bis das Geld für ein Begräbnis zusammengespart ist. Allein durch diese konkrete Anwesenheit des Todes ist er bei solchen Völkern ins Leben integriert und wird als Teil des Lebenszyklus gesehen.

Durch den unmittelbaren Kontakt mit der Natur, den manche Völker noch haben, wissen sie, dass der Tod eines Individuums wichtig ist, um das Leben des Gesamten aufrechtzuerhalten. Und so bitter es klingen mag: Der Tod des einen bedeutet das Leben für den anderen. Wenn ein Tier stirbt, hilft es einem anderen zu überleben. Es dient ihm als Nahrung für sein Weiterleben. Und wenn alte Menschen sterben, machen sie Platz für junge. Der Kreislauf des Lebens und Sterbens ist etwas ganz Natürliches. Dass der Tod somit etwas Gutes, Weiterführendes und Notwendiges hat, sehen wir selten und ungern. Wir können uns das nicht mehr vorstellen, da wir ihn aus unserem Leben ausgegrenzt haben. Die Existenz des Todes hat jedoch ihren

Grund und ihre Notwendigkeit. Erst durch ihn wird der Lebenskreislauf geschlossen.

So wie der Tag zur Nacht gehört und das Dunkle zum Hellen, so ist auch das Leben erst durch den Tod vollständig. Anstatt sich über den eigenen Tod und das eigene möglicherweise bis dahin ungelebte Leben Gedanken zu machen, haben sich während der Pandemie viele Menschen auf das Virus fixiert und es gefürchtet. Ich hatte nicht das Gefühl, dass sie es als einen Weckruf des Lebens betrachtet und dadurch bewusster gelebt haben. Ich habe immer nur gehört: »Ich will mein altes Leben zurück.« Aber das war bei vielen Menschen, die diesen Wunsch geäußert hatten, angefüllt mit Stress.

Ich machte hinsichtlich der möglichen Konfrontation mit dem Tod eine Beobachtung, die auch Professor Gian Domenio Borasio in seinem Vorwort zum Buch *Über das Sterben* beschreibt: Er sagt, dass sich viele Menschen, auch (und gerade) hochgebildete und blitzgescheite, im Angesicht des Todes auf erstaunliche Weise irrational verhalten würde. Dabei ist es seiner Erfahrung nach egal, ob es sich um den Sterbenden selbst oder um dessen Angehörige handeln würde. Der Professor konnte beobachten, dass die Ursache solch irrationalen Verhaltens bei den meisten Menschen die Angst sei.

Es ist die Angst vor der Auslöschung des eigenen Ich und die Angst vor einem qualvollen Verlauf des Sterbens. Dieser wurde während der Pandemie durch zahlreiche Bilder von Menschen auf Intensivstationen auch noch geschürt. Und obwohl alle vom Moment ihrer Geburt auf den Tod zusteuern, scheint es für viele immer noch so zu sein, als würden alle Menschen sterben, nur sie selbst nicht. Unser Verstand, unser Ego, unser Ich will diese Tatsache nicht anerkennen, dass unser physischer Körper ein Ablaufdatum hat.

Impuls Nr. 55: Vorbereitungen treffen

Schau deinem Tod klar ins Gesicht. Mach dir bewusst, dass auch du irgendwann deinen physischen Körper verlassen wirst. Je bewusster du diese Tatsache in dein Leben integrierst, desto achtsamer wirst du den gegenwärtigen Moment nutzen und mit Leben füllen.

So geht's

Alles, was ist, darf sein. Auch der eigene Tod. Wie geht es dir, wenn du dir vorstellst, dass auch du eines Tages sterben wirst? Was ist deine größte Angst? Und wie kannst du dieser Angst begegnen?

Je konkreter wir uns mit unserer Angst vor dem eigenen Tod auseinandersetzen, desto besser können wir ihm begegnen. Schreib dir deshalb auf, was genau deine Ängste sind, und such dir entsprechende Unterstützung, um der Angst zu begegnen. Und wenn du deine Angst überwunden hast, regle deine Angelegenheiten, die mit dem Tod zusammenhängen: Testament, Beerdigung und so weiter. Je klarer du hierbei bist, desto positiver wird sich diese Ordnung auf dein Lebensgefühl auswirken.

ALLES HAT SEINE ZEIT

Du hast dein ganzes Leben lang Zeit, uns dich auf den eigenen großen Tod vorzubereiten. Ist dir bewusst, dass du bereits während deines Lebens unzählige Male stirbst? Bereits im Mutterleib, wo wir noch im Prozess des Entstehens sind, kommt es zum sogenannten »programmierten Zelltod«. Während des Wachstums und der Ausbildung der Organe werden neue Zellen im Überschuss gebildet und konkurrieren miteinander um eine beschränkte Menge an Wachstumsfaktoren. Zellen sterben, wenn sie keinen Zugang dazu bekommen. Sie sterben aber nicht einfach nur so, sondern schalten regelrechte Selbsttötungsgene ein und bringen sich aktiv zum Wohl des Ganzen um. Es ist ein beeindruckender Prozess, der die Vollkommenheit des Lebens verdeutlicht. Gleichzeitig zeigt er aber auch, dass der Spruch »Mitten im Leben sind wir vom Tod umfangen«, eine sehr tiefe Bedeutung hat. Du kannst daran auch erkennen, dass alles seine Zeit hat.

WEISHEITSGESCHICHTE:
Hier geht's mir gut

Mein Vater hatte zeit seines Lebens große Angst vor dem Tod. Irgendwann es so weit. An einem Montag im Oktober 1985 tat er seinen letzten Atemzug. Ein paar Wochen später hatte ich einen Traum: Ich lag in unserem Wohnzimmer auf dem Boden und las in einer Zeitschrift. Irgendwann kam mein Vater herein. Ich freute mich riesig, ihn zu sehen, und fragte: »Papi, kommst du jetzt wieder zurück?!« Mein Vater lächelte mich an und sagte: »Nein, mein Schatz. Ich komme nicht mehr zurück. Da, wo ich jetzt bin, fühle ich mich sehr wohl.« Dann war der Traum zu Ende.

Einige Tage darauf ging ich zu einer Kartenlegerin. Sie sagte mir: »Du hast vor Kurzem einen sehr wichtigen Traum gehabt. Dein Vater hat dir eine Botschaft geschickt.« Ich war sprachlos und gleichzeitig überglücklich. Dieser Traum war nicht nur eine Botschaft an mich, dass es meinem Vater gut ging. Es war auch eine Botschaft an uns Menschen: Wir brauchen keine Angst vor dem Tod zu haben. Es geht weiter. Und möglicherweise ist es dort, wo wir hingehen, tatsächlich um ein Vielfaches schöner als hier.

ES GEHT IMMER WEITER

Ich persönlich bin fest davon überzeugt, dass es nach dem Tod weitergeht. Alles darf sein. Auch das Weiterleben. Dieses und auch die weiteren Leben hängen maßgeblich davon ab, wie wir uns in diesem und in früheren Inkarnationen verhalten haben. Deshalb tust du gut daran, ein auf guten Werten basiertes Leben zu führen. Liebe. Verbundenheit. Vertrauen. Freude. Großzügigkeit. Das sind einige Werte, die dich darin unterstützen können, für eine weitere Existenz vorzusorgen. Wir stecken so viel in Altersvorsorge, Lebensversicherungen etc. Aber wer denkt schon an das nächste Leben? Mach dir deshalb immer wieder bewusst, dass nichts im Universum verloren geht. Die guten Taten nicht, die schlechten auch nicht. Die guten Gedanken nicht, die schlechten auch nicht. Sei dir dessen bewusst. Auch wenn du nicht daran glaubst, so halte es zumindest für möglich, dass auch ein Weiterleben sein darf.

Denk also daran, dass alles, was du denkst und tust, irgendwann wie ein Bumerang auf dich zurückfallen wird. Wenn du dies im Hinterkopf behältst, wirst du achtsamer mit dir selbst und anderen umgehen. Dadurch wird nicht nur dein jetziges Leben schöner, sondern auch das nächste. Denn auch ein schönes Leben darf sein!

ÜBER DIE AUTORIN

»Alles, was ist, darf sein – auch der innere Kritiker, die Angst und all das, was wir an uns nicht mögen!« Das ist für mich einer der wichtigsten Leitsätze der Achtsamkeitspraxis, der Meditation und überhaupt auf dem spirituellen Weg. Denn wenn wir all dem, was ist, offen, neugierig und wohlwollend begegnen, kann sich das, was ist, auch ändern. Ohne Dogma und Imperativ versuche ich den Menschen in meinen Kursen und meinen Büchern die Achtsamkeit und insbesondere die Meditation näherzubringen. Wunderschöne Erfahrungen entstehen dabei. Oftmals die Erfahrung der Stille und des Wissens, dass wir so, wie wir sind, vollkommen sind und es gleichzeitig immer noch etwas zu tun gibt.

Mit dieser offenen Haltung arbeite ich seit vielen Jahren als Meditations- und Achtsamkeitslehrerin, Autorin, Seminarleiterin und Coach. Ich bilde Menschen aus und fort und leitet weltweit Seminare.

Weitere Informationen dazu auf:
www.glueckundachtsamkeit.de

LITERATUR

Ash, Mel: Das Zen der Gesundung. Spirituelle und therapeutische Techniken auf dem Weg von Abhängigkeit zur Freiheit. Knaur 1997

Bandelow, Borwin: Das Angstbuch. Woher Ängste kommen und wie man sie bekämpfen kann. Rowohlt 2006

Batchelor, Martine: Innere Grenzen sprengen. Verhaltensmuster verändern und Gewohnheiten loslassen. MensSana 2009

Bays, Jan Chozen: Achtsam durch den Tag. 53 federleichte Übungen zur Schulung der Achtsamkeit. Windpferd 2012

Borasio, Gian Domenio: Über das Sterben. dtv 2013

Brach, Tara: Nach Hause kommen zu sich selbst. Im erwachten Herzen Zuflucht und Geborgenheit finden. Koha 2012

Campbell, Joseph: Die Macht der Mythen. Live dabei. Nymphenburger 2013

Chödrön, Pema: Geh an die Orte, die du fürchtest. Arbor 2001

Coleman, Mark: Schließe Frieden mit Dir selbst. Wie wir uns mit Achtsamkeit und Mitgefühl vom inneren Kritiker befreien können. Arbor 2018

Dewulf, David: Das Arbeitsbuch der Achtsamkeit. Gelassen durch den Alltag surfen. Arbor 2010

Dunemann, Pfahl: Traumasensibles Yoga – TSY: Posttraumatisches Wachstum und die Entwicklung von Selbstmitgefühl (Leben lernen). Klett Cotta 2017

Eastham, Claire: Raus aus der Sozialen Angst. Wie du am Leben teilnimmst, statt dich zu verstecken. Trias 2021

Emerson, David; Hopper, Elisabeth: Trauma-Yoga. Heilung durch sorgsame Körperarbeit. G. P. Probst 2012

Esch, Tobias: Die Neurobiologie des Glücks. Wie die Positive Psychologie die Medizin verändert. Thieme 2017

Filipp, Sigrun-Heide; Peter Aymanns: Kritische Lebensereignisse und Lebenskrisen. Kohlhammer 2012

Germer, Chris: Der achtsame Weg zum Selbstmitgefühl. Wie man sich von destruktiven Gedanken und Gefühlen befreit. Arbor 2015

Goldstein, Elisha; Stahl, Bob: MBSR für jeden Tag. Die achtsamkeitsbasierte Stressbewältigung im Alltag. Arbor 2016

Hanson, Rick; Mendius, Richard: Das Gehirn eines Buddha. Die angewandte Neurowissenschaft von Glück, Liebe und Weisheit. Arbor 2010

Dies.: Meditationen, um das Gehirn zu verändern. Wie wir unsere Nervenbahnen neu verdrahten. Windpferd 2009

Hanson, Rick: Just 1 thing. So entwickeln Sie das Gehirn eines Buddha. Arbor 2011

Han Shan: Wer loslässt, hat beide Hände frei. Lübbe 2011

Ders.: Achtsamkeit. Die höchste Form des Selbstmanagement. Trinity 2012

Härle, Dagmar: Praxisbuch Traumasensitives Yoga. Über die Wirkung von Yoga bei komplexen Traumata. Junfermann 2016

Hayward, Susan: Das kleine Buch der Weisheiten. Delphi 1997

Iding, Doris: Der kleine Achtsamkeitscoach. GU 2012

Dies.: Buddha fürs Büro. 52 Impulse für mehr Achtsamkeit am Arbeitsplatz. Irisiana 2015

Dies.: Ängste überwinden. Mein Übungsbuch für mehr Optimismus & Gelassenheit. GU 2016

Dies.: Achtsamkeit. Mein Übungsbuch für mehr Balance und Harmonie. GU

Dies.: Gelassenheit ON THE GO. Kleine Entspannungen für unterwegs. Windpferd 2016

Dies.: Die Angst, der Buddha und ich. Kosmos 2013

Kabat-Zinn, Jon: Gesund durch Meditation. Das vollständige Grundlagenwerk zu MBSR. O.W. Barth 2013

Ders.: Zur Besinnung kommen. Die Weisheit der Sinne und der Sinn der Achtsamkeit in einer aus den Fugen geratenen Welt. Arbor 2019

Kornfield, Jack: Buddhas kleines Weisheitsbuch. Knaur MensSana 2001

Ders.: Das strahlende Herz der erwachten Liebe. Arbor 1991

Ders.: Das Tor des Erwachens. Wie Erleuchtung das tägliche Leben verändert. Kösel 2000

Ders.: Das weise Herz. Arkana 2008

Ders.: Frag den Buddha und geh den Weg des Herzens. Kösel 2017

Ders.: Geschichten des Herzens. Arbor 1991

Ders.: Nach der Erleuchtung Wäsche waschen und Kartoffeln schälen. Wie spirituelle Erfahrung das Leben verändert. Goldmann 2010

Ders.: Offen wie der Himmel, weit wie das Meer. Worte der Weisheit für Vergebung und Frieden. Kösel 2004

Kruse, Max: Das Alphabet der kleinen Freuden. Thiele 2012

Mohajeri, Tala: Körperflüstern. Der heilsame Dialog mit deinem Körper. Irisiana 2020

Neff, Kristin: Selbstmitgefühl – Schritt für Schritt. Arbor 2014

Nietzsche, Friedrich: Werke, Kritische Gesamtausgabe, Abt. 4, Bd. 1, Richard Wagner in Bayreuth (Unzeitgemäße Betrachtungen IV). Walter de Gruyter 1967

Pixner, Karin Andrea: Menschlichkeit und Zerstörung. Unsere Zukunft und Du. Fischer 2021

Reddemann, Luise: Trauma heilen. Ein Übungsbuch für Körper und Seele. Trias 2018

Ricard, Matthieu: Glück. Knaur 2009

Rosenberg, Marshall B.: Giraffensprache. Gewaltfreie Kommunikation im Alltag. Junfermann 2021

Siegel, Daniel: Gewahr sein. Was es heißt, präsent zu sein. Die Grundlagen einer wissenschaftlich fundierten Meditationspraxis. Arbor 2020

Schneider, Maren: Ein Kurs im Selbstmitgefühl. Achtsam und liebevoll mit sich selbst umgehen. Das 8-Wochen-Programm. O.W. Barth 2016

Dies.: Stressfrei durch Meditation. Das MBSR-Kursbuch nach der Methode von Jon Kabat-Zinn. O.W. Barth 2012

Skuban, Ralph: Die Buteyko Methode. Wie wir unsere Atmung verbessern für mehr Gesundheit und Leistungsfähigkeit in Alltag, Beruf, Yoga und Sport. Crotono 2020

Stahl, Stefanie: Das Kind in dir muss Heimat finden. In drei Schritten zum starken Ich. Das Arbeitsbuch. Kailash 2017

Sriram, R.: Das Geheimnis des Atmens. Mit Yoga die eigene Kraftquelle entdecken. Herder 2021

Strube, Wilhelm: Das strahlende Metall. Kinderbuchverlag Berlin 1988

Thich Nhat Hanh: Das Herz von Buddhas Lehrer. Leiden verwandeln. Die Praxis des glücklichen Lebens. Herder 1998

Ders.: Einfach lieben. O.W. Barth 2016

Ders.: Einfach sitzen. O.W. Barth 2016

Ders.: Kein Werden, kein Vergehen. Buddhistische Weisheit für ein Leben ohne Angst. MensSana 2008

Tolle, Eckhart: Jetzt! Die Kraft der Gegenwart. Kamphausen 2010

van der Kolk, Bessel: Verkörperter Schrecken. Traumaspuren im Gehirn, Geist und Körper und wie man sie heilen kann. G. Probst 2015

Visionen, Spirit & Soul, Zeitschrift vom April/Mai 2022

Welz-Stein, Catrin: Mystisches Tarot. 83 Karten mit Anleitung. Königfurth Urania 2021

ANMERKUNGEN

1 Aus dem Song »Sind so kleine Hände«

2 Nacherzählt nach einem Artikel von Geo Wissen. Lebenskrisen überwinden. Nr. 62, Seite 103

3 Joachim Fuchsberger: Altwerden ist nichts für Feiglinge. Goldmann 2014

4 In Esch, Tobias: Die Neurobiologie des Glücks. Wie die Positive Psychologie die Medizin verändert. Thieme 2017